KARMA

A Yogi's Guide to Crafting Your Destiny

薩古魯談業力

一個瑜伽士關於改變命運的教導

◆

薩古魯———著

陳碧君———譯　Isha 中文翻譯小組———審訂

SADHGURU

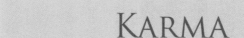

各界推薦

「終於有了一本可以信賴的關於業的書。我從未見過一本解釋並解密業的書，可以寫得像這本寶貴的書一樣簡單、清晰又充滿希望。」

——狄帕克．喬布拉（Deepak Chopra），知名的印裔美籍作家及思想家

「薩古魯在這本書探討人類的局限和可能性，全書充滿了讓我們活得幸福圓滿的寶貴洞見。」

——威爾．史密斯（Will Smith），美國著名演員

「本書是一個考慮周全和肯定生命的提醒，提醒我們有巨大的能力造成自己生命和他人生命的正向改變。這是所有困頓和絕望者的必讀之書。」

——東尼．羅賓斯（Tony Robbins），美國知名作家及潛能開發專家

「忘掉你自己對業的認識——薩古魯告訴我們，業不是對壞行為的一種懲罰，而是一種轉化和賦能的工具。這本書將讓你重新掌握人生。」

——湯姆・布雷迪（Tom Brady），著名職業美式足球運動員

「追求你的真理，了解人類的經驗，體現神性是一個不斷揭示、適應和重新設計的過程。這本書裡的文字是把鑰匙，可以開啟你的實相，讓你不透過眼睛而見到，讓你聽到處於靜默中的真理，並且與你的內在智慧相連結。薩古魯，感謝您送給所有探求者一部如此啟迪人心的作品。」

——努兒・賓特・亞森（Noor bint Asem），約旦公主

「對於業——造作行為之意志的這個艱難主題，薩古魯給了我們一本容易閱讀的書。從一個著名的瑜伽士暨神祕家的觀點，來看自由意志和人類頭腦的命運，內容確實引人入勝。」

——史提夫・洛瑞斯（Steven Laureys），神經科學家暨比利時列日大學（University Hospital of Liège）教授

「薩古魯在本書精彩地解密業的觀念，以及我們如何控制感知以改變自己的未來，並以此創造一個更永續、公正及靈性覺醒的世界。如果你渴望成為自己想在世界上看到

的改變，那就閱讀這本書並展開旅程。」

——泰瑞・塔米能（Terry Tamminen）
加州州長阿諾・史瓦辛格任內的加州環境保護局祕書

「薩古魯在本書提供的工具，將我帶到內在平和的境地。感謝薩古魯的智慧和轉化性引導。」

——羅珊娜・艾奎特（Rosanna Arquette），美國著名演員

「這個困惑了人類數千年由五個英文字母組成的字，終於在二百七十二頁的文字中得到解說。這本書是航行人生的指南針。薩古魯，感謝您。」

——傑・奈杜（Jay Naidoo），法國榮譽軍團騎士勳章得主、
納爾遜・曼德拉（Nelson Mandela）總統的內閣部長

致所有的探求者——

穿越未知領域的內在旅程，

可能充斥著思想、情感、經驗和行為上的矛盾。

本書極力為所有追求真理的人，

揭去理智和情感中矛盾的迷霧。

目次

PART 3

解開業的謎團

有這麼個故事：

有一天，山卡拉·皮賴（Shankaran Pillai）花一千萬元買下一艘四十英尺長的超級豪華遊艇。他決定帶著波多黎各裔的新婚妻子，來個浪漫的海上之旅。

途中，禍從天降，遊艇觸礁撞壞了。

當這艘新遊艇下沉時，山卡拉·皮賴和妻子勉強逃脫出來，他們拚命游著，最後游到了鄰近一座小島的岸邊——寸草不生的一片狹長沙地。

山卡拉·皮賴夫妻有幾個罐頭食品，他們知道這些東西只夠兩人活上幾天。他們陷入了困境。

山卡拉·皮賴全然不受影響地以瑜伽姿勢坐下，一副平和寧靜的樣子。但他妻子的個性可就沒那麼沉穩了。

「我們完了！」她哭道：「這裡不見人煙，看不見任何活的東西——沒有動物、沒有植物，什麼都沒有。我們靠什麼活下去？我們怎麼逃出去？我們新婚之喜的美夢，結局卻這麼不幸！我們的生命結束得這麼悲慘！」

山卡拉·皮賴依舊維持著瑜伽坐姿，老神在在。

他的妻子大惑不解：「你怎麼能就這麼坐著？你不知道我們完蛋了嗎？你看不出來我們就要死了嗎？」

山卡拉．皮賴平靜又悲憫地看著她。「親愛的，別苦惱了。」他說。「婚前我沒告訴妳，我有一段過去。我在田納西州念書時，曾經辦了一筆學生貸款。畢業後，貸款沒還，我就去了紐約。三個月後，債主就找上門來了。」

「但我最終還是躲過了他們，去了加州，並在那裡買了車子。我心想，既然要辦汽車貸款，何必將就於小車呢？我決定給自己買一部純金鍍邊的勞斯萊斯，於是貸款二百萬美元買車。然後我覺得那裡的日子恐怕不好過，便開車去了奧勒岡。」

「但他們也跟著我去了奧勒岡。這事過後，我又辦了五百萬美元的房貸，接著剛好就去了墨西哥。但六個月後，他們又跟著我到了那裡。」

「那之後發生的事，妳是知道的，我娶了妳，並在德州花一千萬美元買下這艘遊艇，我首期款還沒付呢。所以別擔心，保持冷靜，別慌張。他們會找到我們的，他們從來沒有失手過。」

山卡拉．皮賴相信自己會被「找到」的這種信念（或者，更準確地說，他意識到他永遠擺脫不了自己的債主），就是世上所有人都知道的一個現象，只不過用詞不同，我們管它叫做「業」（karma）。

業是我們生命不可避免的基礎，這個機制讓我們擺脫不掉自身行為的後果，無論我們走到哪裡，這種看似冷酷無情的循環都會跟著我們。

雖然「業」這個用詞起源於印度，但現在已經侵入了每一部字典。它不只出現在形而上學的巨著或學術論文中，也滲透進了世界各地的詞彙中，從祕密用語一直到流行用語，處處可見。

這個梵字是如何進入世界上每一種語言的？我們如何解釋它超乎尋常地受歡迎，以及數百年來歷久不衰的本領？

這有許多可能的說法，但主要的解釋或許是：在面對痛苦時，「業」是世界上唯一能夠處理人類困惑的概念，也是能夠用來解釋我們生活的這個世界何以如此沒有章法的唯一邏輯。

否則我們如何理解人類痛苦的普遍性？如何解釋戰爭和致命疾病的恐怖、飢餓的孩童和心靈受創的囚犯，他們臉上無聲的哀痛？以及如何解釋從我們有記憶以來，人類就一直在經歷著無窮無盡的殘暴和衝突？

再者，我們如何回答以下這些古老的問題：為什麼好人沒好報？為什麼命運往往眷顧那些看起來殘酷無情或道德淪喪的人？為什麼人生的際遇看起來如此隨機又善變？為什麼有時候我們會覺得神（如果有神的話）肯定是「把世界當彈珠玩」？為什麼宇宙往往看起來這麼地充滿敵意、無法又無天？

對於這些人類大惑不解的「為什麼」，可能沒有別的字可以媲美「**業**」給出的答案——或者說「能夠」給的答案。

有太長的時間，這個字要不是怪誕地被過分簡化，就是毫無必要地被神祕化。現在是更深入探討這個概念的時候了；也是剖析這個世界上最被濫用和亂用、卻也不可或缺的靈性用語的時候了。現在是時候去檢視「業」如何關係著人類探究的一些最重要的領域，包括生命的意義，以及最重要的——如何活出生命的意義。

希望這本書既是探索，也是指引，在一個充滿挑戰的世界中，提供讀者活得明智和愉悅的關鍵。在這個過程中，這本書力圖復原「**業**」這個字原本的轉化潛能，層層剝除大家對它的誤解，看見它純淨無染的力量和它所有爆發性的共振力。

在全書中，我會列出一系列**經句**（sutras）來幫助讀者悠遊於業的世界。「經」的字面意思是「線繩」。沒有人會為了線繩而戴項鍊，但沒有線繩就不可能有項鍊！在瑜伽文化中，古魯傳統上會給學生如同線繩般的精要指引，幫助他們度過人生的種種。但這本書希望提供讀者關於業的精要指引和詳細闡述，換言之，希望是線繩和項鍊都有了。

全書分為三部分。第一部分探討做為糾纏之源的業；第二部分探討從這糾纏中解脫的可能性；第三部分則是回答對於這個主題的常見問題。

第一部分檢視的是業錯綜複雜的運作機制，其複雜度遠遠超過多數人的認知。第二部分介紹業瑜伽（Karma Yoga）的觀念，也就是解決和處理業的方法，以及從業中解脫的方法；這個部分偏向實用性，但瑜伽是一門無法透過書籍來傳授其深奧的科學，修學者必須信守承諾和在靈性大師的座下學習，它才會真正具有轉化力。然而，一本書可以照亮和啟發一條潛在的道路，而這正是這個部分希望達到的目的。

要警告讀者的是：在深入這本書時，可能會發現自己遇到各式各樣的術語。但別氣餒，業不是一個詩情畫意的主題，而是一個錯綜複雜的領域，涉及到精確的或甚至是臨床般嚴格的觀念和區分。然而，業也不是一個了無生趣的主題，它是人類存在的基礎，事實上，它是一個生與死的議題，絕非狹隘的學術性討論。

在第一部和第二部的一些篇章中，穿插著所謂「靈性練習」（sadhana）的內容。sadhana 的梵文意思是「裝置」或「工具」，這些工具提供讀者一個練習的機會，把從該章所獲得的一些洞見付諸實踐，並在各自的經驗實驗室中進行驗證。

第三部全部是問答。這些求真求實、發自內心的問題，都是過去三十五年來，我在課程和對話中被問到的。問題之所以會重複出現，僅僅是因為人類對業的好奇流連不去、持續不斷，而且往往迫在眉睫。人類對這個主題的困惑是很真切的，渴望真相大白的心也同等真切。

也許，其中有些問題會引起你的共鳴，而有些問題可能聽起來就像你自己的問題。自有時間以來，世界上就少有真正的新問題；問題的背景和細節或許會改變，但想要搞懂這個痛苦和不公的世界仍然是我們今天的需求，而人類想要了解生命奧祕的渴望，將一直持續到時間的盡頭。

就讓我們來解開業的謎團吧。

PART 1

給讀者的話

薩古魯（Sadhguru）一詞，如同我經常指出的，意思是未受教育的古魯（guru）。一個未受教育的古魯，不是來自累積的經典資料，而是來自每時每刻的內在覺知。所以我的來處是直接的經驗，不是二手知識。

因此，我處理業的方式，不是──而且從來都不是──學者型的。當我談論業時，不是在引經據典，而是在運用覺察力。思維概念的知識是學者之道，而從覺察力而來的知見則是瑜伽士之道。

本書的第一部解釋了業的複雜性和多維度。表面上看起來，它似乎處理的是純粹的思維概念，有時這些思維概念非常具有挑戰性。但我要強調的是，這些並不是晦澀難懂的理論，而是對於業實際運作的直接洞見。

這些章節是為求知若渴的人寫的，是為那些多年來醞釀著以下這一類疑問的人寫的：「什麼是業？」「業如何累積？」「業的機器如何運作？」「這個複雜又瘋狂的循環是從何時開始的？」同時，它也是為那些不只是在尋找使用手冊，而是為了能夠一瞥業輪（karmic wheel）機制的人所寫的。

第一部要探討的是，業輪是如何形成的，以及它如何獲得動能。在此，會引領你一步一步地進入業的主題──什麼是業？業如何累積？塑造人類個性的多種方式；每一個人都攜帶著不可思議的、巨大的業的記憶庫；意向所扮演的角色；以及業如何以微妙方式黏附在我們身上，即使我們試圖擺脫它。

靈性探求者通常都想擺脫自己的業，但千萬要記住，業不是我們的敵人。想要過幸福的生活，沒必要把業消除得一乾二淨。事實上，如果沒有了業，我們也活不了，因為人類的生命就是靠業在維繫；不過，如果沒學會如何處理業，業就會變得糾結且極具殺傷力。

瑜伽系統並沒有任何戒規，而是讓人自由去選擇是要為未來創造正面的業，或是與自己的業包袱保持距離，或是要完全消融業。即使這本書探討並概述了這種種的可能性，但選擇權仍然在你手上。

如果你發現自己的腳重複被輪子輾過，那麼問題不在輪子，而是你不知道如何駕馭它。這本書的目的不是重新發明輪子，而是建議你如何愉悅地駕馭它，讓你可以朝著自己選擇的目標前進，並因為知道自己可以掌握旅程而感到安心。

第一章

業：一個永恆之謎

第一經：業與成為自己的創造源頭有關。在將責任從上天轉移到自己身上的過程中，人成為自己命運的創造者。

◆在駕駛座上

有這麼個故事：

有一回，教宗訪問美國，他的行程緊湊，在各個城市都有活動。一天，他剛好在路易斯安那州坐上了一輛由司機駕駛的加長型豪華轎車——這輛車展示了典型美國人把豪華轎車拉長到極致的本領。

教宗很興奮，因為他從來沒有開過像這樣的車子，他告訴司機：「我想開開看。」司機哪能拒絕教宗呢？他回答：「好的，聖父。」

於是，教宗坐上了駕駛座，司機坐到後座。教宗開始享受開車的感覺，油門越踩越重，車速先是時速九十英里，接著飆到一百英里，而他渾然不覺自己開得有多快。

這下好了，以絕不縱容超速而出名的路易斯安那州的警察，開始行動了。當教宗在飛馳的豪車中看見後面的閃燈時，便把車子開到路肩停下。

警察下了車，手放在槍上，小心翼翼地慢慢靠近車子。警察往車內一看，發現開車的人居然是教宗！他探頭進去，看見後座還坐著一個人。

「等等。」他說。

他走回警車，拿出對講機聯絡警長：「警長，我今天釣到一條真正的大魚了。」

「少來，是誰？邦妮和克萊德（Bonnie and Clyde）❶嗎？」

「不是，這人來頭更大。」

「老天，你抓到艾爾・卡彭（Al Capone）❷了？」

「哦，不是。這人比他厲害多了。」

「什麼，你以為抓到美國總統了嗎？」

「不是，這人的來頭比美國總統大多了。」

「別鬧了，誰會比美國總統的來頭還大？你抓到誰了？」

警察答道：「我不知道，但這個人有教宗替他開車！」

這就引出了問題的癥結：多數人完全不知道是誰在替他們開車！

看看四周，問問自己：有多少你認識的人，真正了解這台叫做「生命」的瘋狂列車？大部分的人都是車上被動的人質，不知道這台機器如何運作、（汽油中）辛烷的來源、如何控制它的方向和速度，還有最重要的——開車的司機是誰。他們嘴裡說著

❶編按：邦妮和克萊德是美國經濟大恐慌時期著名的鴛鴦大盜，在 1931 到 1934 年間至少殺害了九名警察。

❷編按：艾爾・卡彭綽號疤面，義裔美國移民，是芝加哥犯罪集團的黑幫大佬及創始人。

「自由意志」、「解放」和「獨立」，卻幾乎無法控制自己的人生。他們的命運，全是自己無意識創造出來的。

歡迎來到「業」的維度，它會把你直接放回那從一開始你就該歸屬的地方——駕駛座。

◆揭開業的神祕面紗

現在，我們來到了這本書的核心問題：什麼是業？

字面上來說，karma（業）的意思是「行動」（action）。

遺憾的是，多數人是以善行和惡行來理解行動，把業視為功德和過失、美德和罪惡的收支平衡表，就像是對人生進行稽核似的。對另外一些人來說，業是一本帳簿，有個上天特約的會計師在管理，這個會計師會把一些人分發到天界樂土，把另一些人放逐到陰間地府，或是丟進某個回收機器的大嘴裡，然後被吐回到這個世界，讓他們遭受更多苦難。

這不僅是錯誤和荒謬的，還是個悲劇。

這種觀念使得一代又一代的人類感到迷惑又恐懼，他們把業這個字亂用一通，完全不知其意。它滋生了一種宿命論，癱瘓了廣大的民眾，被用作社會不公和各種暴政的藉口，同時也導致了許多以假亂真的哲學化和空洞的學術辯論。當然，這個觀念也推動了算命業的發展。

現在，我們要粉碎第一個迷思。

事實上，業與獎懲**沒有關係**。它與某個高居天上、採用原始「紅蘿蔔加棍子」手段的專橫人生稽核員沒有關係；跟天上仁慈的神沒有關係，也跟神的懲罰沒有關係。它跟善與惡、正與邪、上帝與魔鬼路西法（Lucifer）也沒有關係。

業僅僅意味著：我們一手創造了自己的人生藍圖，我們是自己命運的創造者。當我們說「這是我的業」時，其實是在說「我要對自己的人生負責」。

業要講的是，如何利用業讓你成為自己的創造源頭。在將責任從上天轉移到自己身上的過程中，人成了自己命運的創造者。

業是一切存在的固有基礎，而不是一種從上而下的法則。它不允許我們把責任外包，也不允許我們責怪我們的父母、老師、國家、政治家、神明或命運。「業」讓我們每個人都要完全地為自己的命運負起責任，最重要的是，要為所有人生經驗的本質負起責任。

因此，這裡唯一相關的問題是：你準備好去面對業了嗎？

你準備好去認識這個賦予你力量，並告訴你：「你完全有能力把人生的韁繩握在自己手中」的維度了嗎？

如果答案是沒有，那就不要往下讀了。

如果你願意，而且想知道更多關於這個機制運作的方式，那麼這本書可以是你的鑰匙。在這之後，你需要做的，就只是發動引擎，展開新的人生旅程。一旦坐上了駕駛座、握上了方向盤，你的旅途經驗從此就不再一樣了。

不過，有個重點要記住：業不是信條。你不會因為相信它而拿到印象分，也不會因為不相信它而被扣分。業不是教條，不是經文，也不是意識形態、哲學或理論。它就只是「如其所是」，是一種存在機制。它好比是太陽，無論你認不認可，無論你是否崇拜它，它始終都在運轉，不需要組織粉絲團來加持。

它把你從後座上一個指節握得發白、飽受驚嚇的乘客，變成一個自信的駕駛者，掌控著方向盤，愉悅地馳騁在自己的命運道路上。

◆業的循環

然而，要從乘客身分轉變為駕駛者，你需要先了解業機制的一些基本運作規則。我們先來處理一個根本性的誤解。雖然業的本意是「行動」，卻未必指涉**身體上**的行為，也未必是你的外在作為——無論是善行或惡行。

業是指在以下這三個層面上的行動：身體（body）、頭腦（mind）及能量（energy）。你在這三個層面的任何行為，都會在自己身上留下一定程度的殘留痕跡，或者說印記。

這是什麼意思呢？

很簡單。在你活著的分分秒秒，你的五種感官都在從外界蒐集資料，你時時刻刻都在被各種刺激轟炸。久而久之，大量的感官印象便開始在你的內在形成一種獨特的模式，而這種模式會慢慢地把它自己形塑成行為傾向。日積月累後，一堆傾向會逐漸固化成你所謂的「個性」，或者是你聲稱的「真實本性」。

這個過程也可以逆向進行：你的心形塑出你體驗周遭世界的方式，而這會成為你的業——也就是你在相對無意識下所創造出來的一種人生傾向。你沒有覺知到這些傾向是如何養成的。你認為的「我」，就只是你在不知不覺間隨著時間所累積而成的習性、秉性及傾向。

舉個簡單的例子。現在不快樂的成年人，曾經可能是個快樂的孩童。他們後來之所以不快樂可能是遭遇了某些人生事件，但對大多數人來說，他們完全不知道自己是如何及何時形成這種性格。如果他們可以有意識地創造自己的個性，就能夠打造出一個相當不一樣的自己。但在這個過程中，由於他們所遵循的指令是未經檢驗的反應及傾向，於是長期的不快樂便成為他們的典型特徵。

換言之，業就像是你在無意識狀態下為自己編寫的舊軟體程式。

當然了，你還每天更新！

你根據所執行的生理、心理及能量活動類型來編寫你的軟體。一旦軟體程式寫好了，你的整個系統都會按照它來運作。同時，還會根據過去的信息，一直重複出現某些記憶模式。於是，你的人生變得慣性、重複且循環不息。隨著時間推移，你逐漸被自己的模式困住。就像許多人一樣，你可能也不知道為什麼某些情況總是在你內外在的人生中反覆出現；這是因為這些模式都是無意識的。時間一久，你變成了一個傀儡，受控於你所累積的過去。

比方說，許多人的生活被食物或藥物濫用所宰制，當然對化學物質成癮絕對有一定的作用，但主要的問題還是，他們為自己的人生設定了一種循環模式，無論多麼努力地想要擺脫，總會掉回同樣的陷阱裡。如果業的軟體沒有經過有意識地重寫，這模式的規律性會讓人覺得它是由外在強加進來，而不是由內在啟動。然而，業的軟體不是我們要忍受的命運，如同我們在後面章節將會看到的，它可以被改寫、放下或保持距離。

業的機制時時刻刻都在運行。你的每一次心理波動，都會產生一種化學反應，然後這種化學反應會接著引發生理的感受；而這個生理感受又會反過來強化那種化學反應，從而強化原先的心理波動。時間一久，對感官和心理刺激的一連串無意識反應，就決定了你的身體化學。

只要想起某種能讓你興奮的事物，你就能感受到身體裡生起了某種感覺，從經驗就可驗證這一點。我們現在知道，人類是一種身心交互作用的有機體，不管心中發生了什麼事，都會馬上以某種化學過程留印在身體。例如，如果你心裡想的是高山，身體的化學反應是一種方式；心裡想著老虎，身體的化學反應則是另一種方式。因此，每一個細微的心理波動，都會產生某種化學反應和感覺，但除非感覺非常明確，否則你甚至不會覺知到波動。然而，所有這些感覺都會留下紀錄，並隨著時間推移而成為你無意識頭腦（unconscious mind）的藍圖。因此，在你沒有覺知到的層次上，你是一個活生生的業的記憶貯藏庫。

如今的研究顯示，心理和情感創傷會提高身心疾患的罹病風險。我們被告知，精神困擾會導致心臟問題，這已經不是新鮮事。我們一直都知道，心理劇變真的有可能令人心碎！這都是因為在持續性的心理和情緒波動下，一段時間後，身體化學就會隨之改變。

這是一個惡性循環。你只要碰觸自己的心湖一次，所產生的漣漪足以持續生生世世。心的運作是一種不需要你任何幫助，就能獲得動能的過程。你或許注意到，當你十八歲時，遇到難題往往聳聳肩就過去了；到了三十歲，這個能力有點退化；到了四十五歲，困擾你的事情越來越多；到了六十歲，你發現倒下後幾乎無法再重新振作、調整自己，然後繼續走下去。

看看你的周圍，有一種普遍的心態幾乎無處不在。十八歲時，人們對於自己的未來常常感到焦慮；等到七十歲，人生都快走完了，仍然在擔心！他們已經變成擔心的老手，以至於完全沒有理由也會擔心。這是因為從心理波動↓化學反應↓生理感覺，然後反過來再從生理感覺↓化學反應↓心理波動的這整個往復循環，已經蓄積更多動能了。久而久之，就會對細胞、遺傳記憶及能量系統產生日積月累的影響。

因此，無意識頭腦就是一個關於業記憶的龐大圖書館。如果你可以有意識地跟它打交道，就會發現這個信息非常有用。問題在於，即便沒有你的允許，它也會時時刻刻顯現！你感到一團混亂，因為你一直都在胡亂敲著自己的心理鍵盤。

以用來燒錄音樂的光碟來比喻。光碟就像是你的身體——無論是肉身（physical body）、心智身（mental body）或能量身（energetic body），而音樂則類似記錄在你身體上的印記。現在，音樂只是光碟上的小小壓印；但當你播放光碟時，所體驗到的不是光碟，而是音樂。業的情形與此類似：你不是主動去體驗自己的能量身、心智身或肉身，你面對的只是「音樂」！而且你無法讓它停下來。你一直都在體驗自己業的印記，而且無法讓它暫停下來。

◆業的單調乏味與專制

業運作時，其強制程度可能會令你大吃一驚。當你走進禮堂或會議室時，你的座位看起來像是你自由選擇的結果，但事實上，它往往涉及一定程度的業的強迫性。如果接下來五天，你參加的是同樣的會議或課程，你也許會注意到，你每天可能都坐在同一個地方。

許多年前，當我培訓師資好讓他們到不同地方去傳授我的內在工程（Inner Engineering）課程時，新受訓的老師經常會問：「薩古魯，學員們多半會問什麼樣的問題呢？我們會遇到什麼情況，又該如何應對？」於是，我畫了一張課堂布置圖給他們看：「瞧，如果有個人進來坐在**這裡**，這就是他會問的問題；如果有人坐**那裡**，那就是他會問的問題。」當然，凡事總有例外：對一個遲到的人來說，通常是哪裡有空位就坐哪裡；但九成的情況，完全就是我說的那樣！可見業的可預測性有多高。

因此，**業不是某個罪與罰的外在系統**，而是由你所產生的一個內在循環。這些模式不是從外在壓迫你，而是從你的**內在**。從外面來看，這天可能是新的一天，你可能有了新工作、新房子、新的人生伴侶或新生兒，甚至可能在一個新的國家。但就內在而言，你所體驗到的都是同樣的循環——同樣的內在起伏、同樣的行為轉變、同樣的心理反應，以及同樣的心理傾向。

除了你的體驗，什麼都改變了。你可以不斷地改變外在環境，但不管你怎麼做都沒有用，因為你還沒搞懂如何改變**你的業**，所以你會覺得是外物在惹你生氣，是別人在開你的車子。

對於地球上的其他生物來說，其掙扎主要是生理上的，一旦填飽肚子就沒事了，但人類不一樣。對人類來說，空著肚子時，問題只有一個；但等填飽肚子後，問題就有一百個！你可以高談自由，但在絕對的無覺知中，卻無時無刻不在粉飾自己的局限。甚至在你讚頌獨立的價值時，關於你的一切——不單是長相、感覺或思維方式，就連你行住坐臥的方式——都是由你過去的模式所決定。

別忘了，業是無意識且具有強迫性的，業同時也是極度循環性的。在你的系統之內，業的信息分別被編碼在不同類型的循環裡，其中最長的循環週期是太陽週期，因為在這個太陽系中，所有的生物及非生物全都深受太陽的影響，我們的星球也不例外。太陽週期為四千三百五十六天（將近十二年），而依照太陽週期生活的人，將會過著非常健康、幸福、協調且阻力最小的人生。

當業的循環週期變短時，生命會變得越來越容易失去平衡。如果你的人生是每三個月或六個月就循環一次，那麼你便處於一個心理嚴重失衡的狀態，相同的內在騷亂或生活狀況每隔幾個月就會重來一次。如果你的生命是以二十八天為一個循環週期（也就是月亮週期，這是最短的週期），那麼你極可能被認為精神錯亂或精神失常。如各位所知，loony（瘋子）這個英文字與lunar（月亮的）有關，而這絕非偶然。不過，要提醒你的是，業的週期與女性身體的生殖週期無關。

如果我們不打破這些內在和外在模式，就永遠不會有新的東西出現。這就是為什麼你越成功就越沮喪，因為即便是不知不覺，你還是會覺得自己只是在原地打轉；你也許學會了順循環之勢而行，但你還是沒能擺脫它。

透過瑜伽的練習，我們希望朝向太陽週期邁進，以確保自身的穩定和平衡。你或許改變不了過去的行為，也改變不了在心理和情緒上所累積的業，但至少你不再滑進短期的循環週期裡。你不再像穿著緊身衣一樣地把業緊套在身上，而是學會寬鬆地穿著它，跟它保持距離。

問題在於，我們不明白業有多頑強。你可以因為意外而喪命，但你的業不會被毀壞；你可以敲破頭殼讓腦袋噴飛，但你的業還在繼續！可見業的機制有多麼堅韌、多麼無情、多麼幽微。這也是為什麼要從這個循環中解脫出來的希望是如此渺茫。

瑜伽傳統告訴我們，除了生理上的肉身（annamayakosha），每個人還有一個心理上的心智身（manomayakosha），以及一個能量身（pranamayakosha）；此外，還有更精微的以太身（vignanamayakosha）和極樂身（anandamayakosha）。然而，業的累積主要發生在前面的這三種身：肉身、心智身及能量身。

因此，就算你弄壞了你的身體和頭腦，你的生命能量仍會繼續背負著業的印記，就像電腦硬碟一樣。這個備份系統的效率是如此之高，就算你失去了身體或頭腦，你還是不會失去你的業。

然而，無論你的業多或少，一旦你踏進維度更精微的以太身及極樂身，你的業就動不了你。因果律只能在生理、心理及能量層面運作，超過這三者的層次，它就沒有任何影響力了。可以這樣說，從你開始品嘗到神性的那一刻，你的業就再也不能控制你了（我們會在本書第二部深入探討）。

人類曾經只能在石板上書寫。然後，我們從石板進步到樹葉，再進化到書本；從書本，我們又進化到磁帶和光碟，而現在已經進入微晶片時代了。寫在一百萬片石板上的內容，可以編成密碼寫進我們能想像得到的最小微粒。要不了多久，科技就會找到方法，把信息記錄在純粹的能量上。也許現在的科技還無法做到這一點，但它最終一定會發生。我這麼說，並不是出於對科技的任何認知，而是因為我知道內在機制是如何運作的。微觀和巨觀、個人和宇宙，在各個層次上都是彼此的鏡像。目前，為你的燈泡供電的電力把電能變成了光，同樣的電力供應則讓你的空調能夠把空氣變涼爽；而同樣的電力供應，還可以讓麥克風放大聲音。這並不是因為電有智能，純粹是因為電器的運作機制使然。但總有一天，我們會擁有「智慧型電力」，可以把記憶直接儲存到電能中，這樣的電流能夠攜帶意圖。也就是說，它將具有信息，並且能以特定方式行事及做出某些決定。也許這一天還很遙遠，但我們正在朝著它邁進，對於這點我深信不疑。

當我在啟引人們進入靈性進程時，每個人的能量表現各異，這取決於他們業的信息。雖然接受的進程是一樣的，但每個人的能量回應卻是取決於自己所攜帶的業的類型。能量身的回應，根據的是刻印在它上面的是哪一種軟體。這就是為什麼，兩個人對同一個啟引的反應永遠都不一樣。

簡而言之，業會在許多不同層面上運作。你無法透過身體疾病、事故、失智症、精神病或死亡，來擺脫業。你會注意到，即便是精神患者，各自的行為表現也不會一樣；他們業的結構也許已經失控，但它仍然支配著他們的行為方式。因此，除非鬆開業的箝制，否則就沒有出路。

這就是業的窠臼，極度的單調乏味又專制。

這也是為什麼，從不可追憶的年代以來，人們就一直孜孜不倦地「追求更多」，即便不知道要尋找的是什麼。我們對這種現象有許多種稱法，從對存在的不滿和厭倦，到單純的焦慮和不安。這種感覺就像生命的油門沒有全開一樣，對於生命的目的、生命的開始與結束、生命的方向，以及推動生命前進的源頭，我們全都懵懵懂懂。這是人類長久以來對無能為力及局限感的怨懟。

◆束縛的氣味

如同我們之前談到的，你在身體、頭腦及能量上的任何行為或活動，都會留下某種印記，而這些印記會自行組成為一種習性。傳統上，印度人會用一個非常貼切的字眼來描述這些習性：**習氣**（vasana），梵文的字面意思是「氣味」。這種「氣味」，是由你生理、心理、情緒及能量行動產生的印象所大量積累而來。你會吸引什麼樣的人生境遇，全都取決於你散發出哪一種「氣味」。

以花來比喻：每種花都有各自的氣味，正是這種芬芳吸引了某種生命形態。花既不能動，也沒有自主能力，但由於它的芬芳，可以被挑選放在聖殿裡祭拜。事實上，拜它的氣味所賜，它才能到得了很少人能夠被允許進入的地方。

人類的情況也大同小異。但在這裡，**氣味**（smell）一詞不代表異味，它不帶任何的價值判斷，它僅僅意味著，如果你散發出某種特殊的習氣，存在將確保你在特定的時候落在特定的地方；如果你散發的習氣是另一種，存在將確保你落在另一個不同的地方。因此，什麼會靠近你，什麼會遠離你，全都由你散發的習氣決定。當然了，你的習氣完全取決於你所攜帶的是哪一種殘留的記憶或業的內容。

其運作方式非常微妙。你或許沒有覺察到，但無論清醒或入睡，你時時刻刻都在展演業。一個簡單的思維模式，就會讓你以特定的方式運作。比方說，如果你一直在想著某部電影或是某個電影明星，那麼你很可能在一群人中看到一個跟你有著同樣愛好的人，而那些喜歡看書或冥想的人，你可能就不會注意到他們。如果你的眼前有一千個臉孔，你的習氣很可能把你引向某個跟你有相似傾向的人身邊。

我身上就發生過這樣一件事：

在我十來歲時，我弄來了一條巨大的眼鏡蛇——一條十二英尺長的神奇生物。這條蛇溜進當地的一家燈管工廠，被我抓到後，工廠的員工都鬆了一口氣。我把牠藏在床底下的一個大玻璃罐裡；不知怎麼回事，有一天牠竟然逃脫了出來。

我的父親聽到我房間裡傳來嘶嘶聲，於是跪在地上想查個究竟。在看見那條蛇時，他完全嚇壞了，大叫著跑出房間：「眼鏡蛇！眼鏡蛇！」當我人到現場時，家裡的每一個人都站在椅子上或沙發上，而我卻跑到房間想要保護我的蛇，擔心我的玩伴會被扔出去！對於蛇，我父母的習氣產生的是排斥，而我的習氣產生的是吸引。

我最後還是把那條眼鏡蛇偷運回家，關在屋頂上的一個大籠子裡。有一次，牠又設法逃了出去，那時我剛好不在家。當我騎著腳踏車回家時，就看見我的父母一臉驚恐地站在屋外。附近的學校正巧在四點鐘放學，於是一大群人圍著那條蛇，每個人都嚇壞了。我騎近一看，才意識到發生了什麼事。我知道這個時候千萬不能回家，否則後果不可收拾。於是，我以迅雷不及掩耳的速度，單手把眼鏡蛇攔腰抓起來，然後溜之大吉！

這個故事說明了習氣的作用。讓我父母和其他人感到恐慌的事物，卻在我身上引起了非常不同的回應。我從來沒有厭惡過蛇，相反的，我對牠們的感覺是親切，而這是我身上所攜帶的一種古老的習氣。處在這些稀奇古怪的生物當中，我總是感到很自在。從小，我就能憑直覺在野地裡追蹤到牠們。我只靠著嗅覺，就能準確地知道哪塊石頭下面藏著蛇。於是，在街坊鄰里間，我逐漸成為一個小有名氣的捕蛇人。

我會受蛇吸引有許多原因。瑜伽士和蛇的關聯由來已久，兩者都散發出一種會吸引彼此的習氣。蛇是一種感知能力特別強的生物，本能地會被更高的能量吸引。這也是為什麼身為阿迪瑜伽士（Adiyogi，意思是第一個瑜伽士）的濕婆，其傳統肖像的脖子上會繞著一條蛇的原因。此外，在那些深入探究超感官覺知（extra-sensory perception）的文化中，蛇也扮演著關鍵角色。在印度，對蛇、牛和烏鴉的傳統信仰，就是因為人們覺知到這些生物代表了存在發展的一個先進階段。

由於瑜伽士一直渴望增強自己的感知能力，因此蛇在瑜伽傳統中就有了一個特別重要的地位。眼鏡蛇被尊奉為唯一能感知到精微以太維度的生物，即使是在白天也辦得到。不出意料的，蛇在某些開天闢地的神話中也占有一席之地，即便有時牠們會被那些畏懼其能力的人所惡意中傷。

關於這種習氣的另一個原因，是基於蛇和昆達里尼（Kundalini）的關聯；昆達里尼是盤蜷在人體脊椎底部的能量（瑜伽有意識地駕馭這種能量來提升靈性發展）。昆達里尼能量被描述為「蛇的能量」，因為它跟蛇很類似，都具有一種動作和靜止的共同模式。

身為古魯的早期，當我想要聖化一個稱為迪阿納靈伽（Dhyanalinga，這是一個獨特的結構，裡面具有處於最佳運作狀態的七個脈輪或能量中心）的強大能量形相（energy form）時，我必須吸引極為勇猛和熾烈的弟子到身邊來協助這個計畫。現在，這個任務已經完成了，而我也完全改變了自己的習氣。由於聖化能量的工作需求已經結束，因此我吸引其他類型的人到身邊。當時認識我的人，可能都認不出現在的我了，因為我已經是另一個人了。我會根據工作性質，來調整自己的習氣。這可能會讓有些人感到困惑，但所有的靈性導師都是這麼運作的。

然而，調整習氣的能力，並不是只有嫻熟於靈性之道的人才能擁有。很大程度上，每個人都可以選擇不成為習氣的受害者——只要你具有某種程度的覺知。只要具備少許覺知，每個人都可以開始將習慣轉化為選擇，將衝動轉化為意識。

重要的是你要明白，人生中任何看起來像是命定的事情，其實都是你在無意識的狀態下決定的，是你編寫了自己的軟體程式。你用什麼方式寫你的程式，就決定了你的思考方式、決定了你的感受方式，也決定了你的行動方式，同時也決定了你會邀請哪些人事物進入你的生命。你散發出什麼樣的「芬芳」，就會吸引什麼樣的人生境遇。有些人似乎總會吸引令人愉悅的境遇，而有些人似乎總會吸引令人不快的境遇。或者，你發現這兩種不同的境遇是發生在你人生的不同階段：在某些階段，好事似乎接二連三發生；而在其他階段，逆境則接踵而至。這完全取決於你的業庫中存放著什麼。今天，你的業庫中存放的是腐爛的魚，便會吸引來一些糟糕的境遇；明天，你業庫中存放的是鮮花，便會吸引來一些更好的境遇。我們想透過瑜伽或這本書去改變的，就是你散發進這個世界的芬芳。

許多人嘴上說著自由，但暗地裡卻害怕自由。因為他們在束縛中感到安全；另一些人選擇束縛，則是因為認同某種意識形態、宗教或人際關係，甚至是某種小玩意兒，可以提升他們的身分。就拿手機這種簡單的物件來說，如果你是用它來強化你的行動，那它可以是賦予你能力的來源；但如果你是用它來提升你的身分，那麼它就會成為困住你的來源。透過這種方式，人們在無意識的狀態下養成習氣，並往往相信自己選擇的是自由，但其實選擇的是奴役。

以下是發生在我身上的另一件事：

幾年前，我在南印度帶領瑜伽課程時，住在一個名為維拉育達巴拉揚（Velayudhampalayam）的村莊裡。我寄宿之處的對面有一座小山丘，聽說一千九百多年前，耆那教僧人就是在這些山丘上的洞穴中生活與冥想。這些古老的事蹟引起了我的興趣，因為這意味著這些僧人生活的年代，距離偉大的耆那教導師大雄尊者（Mahavira）只有數百年。

一天下午，我和幾位志願者爬上了那座小山丘，來到一個形狀像鳥兒棲息在岩石上一樣的美麗洞穴。洞穴裡頭非常髒亂，到處都是瓶瓶罐罐和塗鴉。在印度，幾乎每兩塊岩石或紀念碑上就可見到遊客和戀人塗鴉的姓名首字母。這裡的洞穴自然也不例外，上面的塗鴉都是常見的「ＫＰＴ愛ＳＲＭ」之類的。於是，我們把這個地方打掃了一番。

然後，我們看到岩石地面上有些地方往下凹陷，顯然是當初僧人們的床鋪。我在其中一張床上坐了下來，突然間，我的身體開始強烈地搏動，這讓我的好奇心大發，於是我決定在那裡過夜。

這天晚上，謎底揭曉。我意識到數百年前曾經住在這裡的一個僧人，他的精微體（subtle body）還是栩栩如生，簡直令人難以置信。例如，我可以覺察到，那個僧人沒有左腿，他的左腿從膝蓋以下被切除了。

這些僧人過著與世隔絕的安靜生活，在外面的世界中沒有做過什麼了不起的事情，但他們卻遺留下如此深刻的印記，以至於我可以娓娓道來他們生活和靈性練習的一切事蹟。那個時代的偉大統治者，如今或多或少已被人遺忘了；那個時代最富有的人、最博學多聞的男男女女，也早已從我們的記憶中抹去。但是，這些樸實的僧人，到了今天卻仍然像一千九百年前那樣活靈活現！他們的故事可以被那些感受敏銳的人所知曉，並有能力啟發我們直到今天。這就是正確的內在能量運作（energy work）的本質，它是無可毀壞的。

每個人的能量都帶著某種芬芳。我們的肉身會回歸地球，但我們每個念頭或行為的殘跡，尤其是殘留的能量，卻會流連不去。這些印記，可以在我們死後持續千年不絕。能量運作越有覺知，它就越能經久不衰。

我們要留下什麼給地球，應該由我們決定。這就是維拉育達巴拉揚村那些無名的耆那教僧人所做的。他們覺知到任何行為都會產生相應的後果，而他們選擇有意識的生活。結果，他們成就了某種長生不死，而這是世界歷史上那些有錢有勢的人鮮少能做到的。

靈性練習

有一個簡單方法可以讓你覺知到自己的習氣：試著避開那些你喜歡的、渴望的、鍾愛的或最珍視的人事物一段時間。在你避開期間，從你所體驗到的痛苦程度，就會對自己的習氣本質及深度有所了解。

現在你已經辨識出自己的習氣，就可以開始練習如何轉化。如果你認為自己的糾結與食物有關，那麼在進食前不妨先等一會兒；如果你熱切地等待著愛人到來，那麼就有意識地推遲幾刻兩人相見的時間。你可以根據自己糾結的程度，在正式行動前有意識地多等些時間。你會發現，經過這樣的練習後，你對食物、愛情或生命的體驗會變得更加深刻。漸漸地，你可以把延遲用餐的時間，從兩分鐘拉長為兩個小時，或甚至一整天。這個看似簡單的練習，可以做為一場內在大轉變的開端。

意識與行為無關，意識是存在的本質，而強迫性是表現在行為上的。在你向衝動屈服前決定暫緩的那一刻，就是在調整自己符合存在的覺知本質。假以時日，這將有助於弱化你行為強迫性的程度。

第二章

意志：業的基礎

第二經：究竟而言，人生不苦也不樂；端看你如何創造它。

◆算計的後果

有這麼一則故事：

一天晚上，有兩個朋友在路上走著，這是他們每週的例行活動——週六晚上去買春。當他們正朝著妓院走去時，聽到一個聲音在講述印度偉大的聖典《薄伽梵歌》（*Bhagavad Gita*）。

其中一人頓感內疚，決定不去妓院了，表示他寧可去講堂聽《薄伽梵歌》來提升自己。於是兩個人便分道揚鑣，各自離開了。

結果，坐在講堂的這個人，發現自己全程都在嫉妒那個去妓院的朋友。當他被困在這個講堂時，他確信他的朋友正在享受著人生最快樂的時光。他不由自主地覺得，他的朋友選擇妓院而不是講堂，比他要明智多了。

至於那個去妓院的男人，則發現自己滿腦子都是那個去講堂的朋友。他很敬佩自己的朋友，因為對方選擇了解脫之道，選擇了靈性的開示而不是肉體的歡愉。

這是二十世紀偉大的印度神祕家羅摩克里希那（Sri Ramakrishna Paramahansa）常講的一個故事。他總會把大家的注意力引導到一個核心悖論：累積不利業的人，是去講堂聽《薄伽梵歌》開示的那個人，因為他一直想著妓院的事。羅摩克里希那指出，這個人遭受的苦，比起那個真正去買春的人要多得多了。

為什麼？

因為業雖然指的是身體、頭腦和能量上的行為，但並不只跟行為有關。去買春的那個人所累積的業之所以少於他的朋友，是**因為他心裡沒有任何算計**。相反的，他的朋友心裡真正希望的是去找妓女，卻相信去聽開示會讓自己離天堂更近一些。這種算計會招引來更多的業。諷刺的是，這個想著要擺脫業的人，最終的結果卻是在累積業！

另一方面，跟妓女在一起的那個人，因為感到自身經驗有限，反倒會激發他在未來有更高的追求。因此，跟妓女在一起的經驗，成了觸發他個人成長的事件。

這個故事指出了一個通病。大家通常認為業只跟外在行為有關，並認為行善積德可以為自己賺來好業；然而，他們從未真正意識到，業與某個更加微妙的東西有關。

業，基本上跟**意志**有更大的關係。

全世界任何一個宗教，其教義總是離不開「愛」，原因在於：一旦你心中有愛，你自然會以最佳狀態來與人相處。當你用愛來看待每一個人時，你的意向自動會變得更寬容、更具包容力。無論你以愛之名做出什麼蠢事，業的累積都不至於超過一定的程度。

你的意向非常重要。如果你說的話是出於愛，對方聽了卻覺得受到傷害，那麼就是對方的業，不是你的。但出於仇恨所說的話，對方聽了卻沒事，這善業是對方的，不是你的！你得到的，仍然是負面的業。你憎恨的對象如何反應不是重點，業的累積取決於你的意向，而不只是對他人的影響。

想想以下各種情境。第一種情境是，你正在玩一把刀子，不慎誤傷了某個人而致死，這是一種業；第二種情境是，你在切菜時因為跟某人起了爭執，一氣之下就捅了對方一刀，結果他死了；第三種情境是，你精心謀畫要如何剷除敵人，你拿刀追趕他、用力刺殺他；第四種情境是，你表現得很友好，邀請對方來吃晚飯，殷勤招待一頓美食後，趁對方飽足放鬆時，割破了他的喉嚨，這又是另一種業；第五種情境是，你對待這個人的行為完全正常，但心裡頭卻一直謀畫著做各種壞事來折磨對方。

前四種情況，都有相同的幾個元素：你、對方、刀子和死亡。但是，所造的業卻不一樣。不難猜想哪個情況會產生最糟糕的業；我所謂的「糟糕」，不是指最不道德，而是指它會為你帶來最糟糕的後果。在這四種情境中，對方的下場都一樣，但對你的影響則是取決於你意向的本質。會造成業的，不只是行為，更是內心痛苦與怨恨的程度。

實際上，就業的累積而言，第五種情境是最糟糕的。前四種情境中，對方的結果都一樣；而第五種情境，對方卻活得好好的，他已經從自己的業中解脫了，所以對他來說這是好事。但你的業卻嚴重多了，因為你在心裡已經把惡行重複了上百萬次了。把怨恨表現為外在行為，會為你帶來嚴重的身體後果（牢獄之災），但任由怨恨在心裡加倍滋生，會產生更深重的內在後果。出於私心的意圖，始終會產生更多的業。如果你因為出於個人強烈的利害關係，而一直重複著同樣的心理活動，雖然不致鋃鐺入獄，但你已經囚禁了自己！

有趣的是，世界上多數地區的司法系統在衡量刑罰時，都會將意圖列入考量。例如一個蓄意的冷血殺人犯跟一個感情用事、衝動觸法的罪犯，所受待遇就相當不一樣。

然而，**業果並不是一種懲罰**，你一直在造業，而業果只是生命試圖消解業的方式。如果你造的只是心理上的負業，或許沒有外在的後果，但你會經歷到更深層次的內在痛苦。

「消解業」（working out karma）是什麼意思？它的意思是，你的人生是根據你的習氣傾向來展演的，而不是根據某個對和錯的系統。你的人生，純粹是為了滿足你的習氣傾向而自行組織的。業不是懲罰或獎勵，而是生命試圖完滿自己的過程。

意向在能量層次上的行為，是許多人沒有意識到的。如同我們知道的，只要一個負面的念頭就能造業；而負面的念頭加上負面的情緒，意味著更深的業。如果是負面念頭＋負面情緒＋負面的外在行為三者結合在一起，所造的業會比前面的業更深；如果是負面念頭＋負面的情緒，再跟不斷重複的心理活動結合時，這樣造的業又比前例更深重了（如同我們前面談過的，在腦子裡用一千種不同的方法來殺一個人，會累積大量的業）。

更有甚之，有人會選擇進行以能量為基礎的行為，可能是施行某種作為來讓對手、敵人或是任何想除掉的人死亡，這些作為就是所謂的巫術或黑魔法。這些巫術系統存在於許多文化的邊緣，還有一些擅長此道的人能夠利用自己的能量來對某人造成傷害。一旦你為了自己的利益而試圖在能量上去影響他人，這就是最糟糕的業了。比起其他任何類型的行為，這種以能量為基礎的行為所造的業要更加深重。

我們不要忘了，在某個時空環境中所謂「對的」意向，換個時空環境可能就完全不是這麼回事了。你之所以會有對錯的觀念，是依據你所生活的社會道德規範而來，而這些規範並不是由你的本性所決定的。社會有一些約定的習俗和規範，一旦你違犯時就會感覺自己做錯了事。例如，當著父母面前你可能從來不賭，但在朋友面前就可能毫無壓力，如果賭博的事被父母發現了，你馬上就會感到愧疚。

在印度一些地區，穿迷你裙可能被視為驚世駭俗之舉；同樣的，在世界某些地區，從頭到腳包得緊緊的，也會被認為怪誕不宜。從本質上來看，這些行為沒有對錯之分，而是社會對它們的認定。然而，如果因為穿著不同於常規而讓當事者感到愧疚或羞恥，這也代表了業的累積。

再來看一個故事：

山卡拉・皮賴重病在床，因為知道自己死期已至，他便喚來律師：「我要立一份新遺囑。我想把所有遺產都留給我的妻子，一毛錢都不剩。只是必須有個先決條件：她要在我死後九十天內再嫁。」

律師很訝異：「你為什麼有這麼怪異的要求呢，皮賴先生？」

「嗯，我希望至少有一個人為我的死後悔。」

所以，一個人的極苦可以是另一個人的極樂！一個人眼中的地獄，可以是另一個人眼中的天堂。

是非對錯本來就是相對的。例如，印度的強盜部族平達里人（Pindaris），他們被訓練來做殺人越貨的勾當。這幫強盜甚至有自己信奉的神，這些神會傳授他們技能，並保祐他們成功搶劫。當英軍可以任意處置這些平達里人時，就把他們全都殺了；平達里人深感不解，因為在他們看來，他們並沒有做錯什麼。平達里人認為的美德，就是做一個好強盜！

因此，業的累積並不只是做了一個行為，而是你**如何**去做、帶著什麼**動機**去做，這才是關鍵。

◆意志的種子

那麼，是什麼決定了人類的意向呢？為什麼有些人的行為更具包容性，而有些人的行為更具排他性？

仔細來看這個問題，你會發現，你相信自己是一個獨立的存在——一個單一的個體，而意志基本上便是由此形塑而成。換言之，決定你意向的，是你對自己是個體的身分認同（identification）。

這裡的關鍵詞是**身分認同**。如果你不認同這種分離感，就不會累積業。如果你的認同是包容一切，那將會終結業的循環！

遺憾的是，人們認同個體性的狹隘觀念，使得他們有選擇地與世界打交道，而不是包容一切。在喜歡和不喜歡、吸引和排斥之間無休止的搖擺，進一步強化了人們的分離感。日積月累下來，喜歡和不喜歡凍結成為一個人的個性，並產生更多的業。現在，個體性不再是特權，而是一種禁錮。

喬達摩佛陀關於這個主題的教示，尤其是他所強調的「無欲」，遺憾地遭到許多人的誤解和斷章取義。佛陀是有大覺知力的人，他非常清楚沒有欲望就沒有存在。

佛陀指出，重要的是行事應出於內在滿足的狀態，而不是內在渴求的狀態。一旦做到這一點，你的人生就會變成**至樂的表達，而不是對至樂的追求**。你的欲望並沒有蒸發不見，相反的，它變成有意識的。你的欲望不再是個人身分的無意識燃料，而是有意識的運作工具。現在，你的欲望是讓全世界獲得幸福。

因此，問題的關鍵在於**認同你的欲望**。當你不再認同於你的欲望，當你和你的頭腦之間有了距離，你便只是做此時此境該做的事。你學會和欲望玩遊戲，而欲望也不再與「你」有關了。於是，你業的束縛完全消失了。

那麼，我們如何「去除」對欲望的認同呢？怎麼可能有不具個體性的欲望、不具身分的意圖？其邏輯很簡單：個體性是迷思、是想法，而不是一個存在上的真實。出於無知，我們裂解了自己的世界。

一旦你觸及到所有創造物背後的智慧（intelligence）基礎，就會意識到自己跟任何人事物都沒有分離，你與宇宙的其他部分密不可分。你的身體已經知道，它是宇宙大分子之舞的一部分。你的身體知道，如果不與空氣、水、陽光和土壤有來有往，它一刻也存活不了。然而，你的頭腦卻不這麼認為。你的頭腦相信自己是個有限的個體，因此凡是基於這種有限理解的意向，都會與創造之源的基本設計背道而馳。任何行為，只要受制於這種短視和狹隘的意向，都無法不造業。換言之，就是更受衝動驅使的存在。

人類帶著巨大的可能性來到這個地球上，這個可能性就是完全自由；這也是瑜伽文化一再重申的。其他動物的本質都固定不變，只能憑著動物本能運作。這就是為什麼動物所累積的業非常少。然而，人類生來就帶著轉化和超越這些本能的驚人能力。

遺憾的是，大多數人都欠缺必要的穩定性，把自己從正在做的活動中抽離。任何行動，他們都無法不帶個人目的。這是傷害極大的畫地自限。

有這麼一個故事：

有一天，山卡拉．皮賴去酒吧時，把自己的驢子（他的交通工具）放在外面。喝了幾杯酒後，他從酒吧出來，發現有人把他的驢子漆成了紅色。山卡拉．皮賴非常瘦弱，不過幾杯黃湯下肚後，他的膽子卻大了起來。

他火冒三丈地大步往回走，一腳踹開酒吧的門，瞪眼環視坐在裡面的每個人。

「誰把我的驢子漆成了紅色？」他咆哮著。

一名身長過六尺的彪形大漢從一個角落巍然出現，他說：「是我。」

山卡拉．皮賴的態度馬上就變了，他清了清嗓子，禮貌地說：「先生，現在可以上第二層漆了。」

上面的故事，當然是面對某種情況的權宜之計！就像大多數人一樣，面對威脅時，山卡拉．皮賴的反應是基於單純的生存本能。然而，一個基於自保的反應（reaction），跟一個基於情境本身的需求所做的回應（response），這兩者是有區別的。

當你的行為不再以自己為中心，而是基於情境的需要，當你的意圖不再以狹隘的自我利益為燃料時，你就到達了造業的終點。你的解脫是必然的。

當然，說比做容易。問題就在於，人們已經忘記**如何包容一切地投入生命**。由於他們是有選擇性的參與，於是便落入了糾結交纏的陷阱。他們若不是根據自己的好惡有選擇地投入生命，就是選擇令生命元氣大傷的否定和出離的哲學。這兩種情況，業只會成倍增加。這一類的誤解有很多。許多人因為佛陀宣說「人生是苦（dukkha）」，就驟下結論說，佛陀講的是失敗主義的悲觀看法；他們忽視的是，佛陀一生都在努力教人冥想，因為他看到人類可以**超越**痛苦。如果佛陀相信一切是苦，早就奉勸我們去自殺了！他看到極樂（ananda）是一個非常真實的可能性，而他一生的使命，就是在提醒我們這點。

最近，有個記者問我：「你認為人生是苦的嗎？」我問他：「如果有選擇，你想要什麼樣的人生：苦或樂？」他馬上回答：「當然是樂。」究竟而言，人生不苦也不樂，**你想要它成為什麼，它就是什麼**。人生沒有任何固有的性質，選擇權始終在你手上，意志也永遠都是你的。

阿迪瑜伽士（Adiyogi，意思是第一個瑜伽士）是第一個在地球上宣稱，靈性進化是人類才有的偉大可能性。人類生來就帶著這個可能性——成為一個完全有意識的存在，而不是一個受衝動驅使的存在。我們可以自由選擇任何想要的存在方式：老虎或鹿、神或魔。我們沒有固定不變的性質。但遺憾的是，我們卻因為這種無定性、這種天賦的非凡自由而受苦。

大多數的人已經變成了人模人樣的動物或生物，而不是人類。我們浪費了天賦的自由，拿它去交易，出賣給了外在的權威——包括父母、宗教、文化或政治。我們沒有行使意識的自由、選擇的自由，反而接受並相信那些聲音：生而為人就是有限制的，甚至是有罪的。

因此，我們不僅沒有成為這個星球上最棒的生物，反而變成了最糟糕的生物。我們可以為快樂、愛、恨、身分或神而殺生，甚至幾乎可以為任何東西而殺生。在這個地球上，還有哪一種動物可以這麼殘暴、嗜血，帶著這麼多的敵意與仇恨？

諷刺的是，人類的意志——我們自由的源頭——已經變成了一種詛咒。我們沒有從本能走向智慧，沒有從衝動走向意識，而是選擇了後退。在人類共同的歷史中，我們已經走到了這樣的一個地步，把生而為人的重大意義給忘記了。在無意識的自我毀滅中，我們犧牲了與生俱來的非凡權利——成為我們生命真正的主人。

◆逃避會加速業的累積

關於業和意向，還有一個不幸的誤解。

既然在喜歡和不喜歡之間無休止的振盪會造業，於是逃避和出離的哲學思想便開始受到歡迎。我們已經談過佛陀所教導的「無欲」如何被錯誤解讀，所有這些哲學和誤解，都源自於同一個驅動力：逃避業。

諷刺的是，你越想逃避業，業就越是倍增！所有否定生命的出離哲學之所以會出現，是因為人類對糾結的恐懼。但這些哲學忽視的是，若沒有全力以赴、熱情的投入，就不會有生命。這些哲學最終完全否定的，是生命本身。

出離的哲學，基本上是了無生趣的教條。信奉它或許會在生活中產生一些平衡、穩定的假象，但無法帶來解脫，反而往往導致更多業的累積。奉行這些否定生命哲學的人，自己也會慢慢地變得了無生氣，招來這樣的結果是負面的業，因為壓抑生命絕對是負面的業。

那麼，這裡所說的「壓抑」是什麼意思？做自己不想做的事，未必是壓抑。例如，有些傳統會鼓勵修學者在特定時間禁食，但這不是壓抑。人們常常以為無法在任何時候做想做的事，就是壓抑，但其實不然。

壓抑的意思就只是：**你沒有全心全意地體驗生命**。活得全然，就是讓自己完整地體驗。如果你讓自己完全去體驗飢餓，那將是美妙且解放的；如果你讓自己完全去體驗食物，那也是美妙且解放的。可惜的是，無論是飢餓或食物，人們都不會完全去體驗。如果你迴避任何體驗——無論是苦或樂、憂或喜，這業就大了。然而，如果你沒有抗拒地去經歷它，業就消解了。這就是為什麼克里希那（Krishna）在偉大的印度史詩《摩訶婆羅多》（*Mahabharata*）中說：「猶豫是所有罪行之最。」

當今，假藉文明和禮教之名，受過教育的人往往無法充分地去體驗自己的情感。他們不能放聲大哭，也無法放聲大笑。時間一久，他們會開始感到沮喪，變得無趣，而業累積也變多了。你會發現，那些更單純簡單、想哭就哭、想笑就笑的人，活得無拘無束，這種人往往自由多了。他們透過全然地體驗每一種情緒狀態，從而化解了自己的業。

活得全然，不只是活得開心，而是全然且熱切地去體驗發生的任何事。**生命的整個過程，就是在消解業**。如果能把生命的每一刻都活得全然、完整，你就得以消解大量的業。

◆為什麼有些人受的苦比別人多？

為什麼宇宙創造人時沒有一視同仁，讓人人都平等呢？為什麼有人生而殘疾，有人健健康康？為什麼有人貧窮，有人富裕？如果神真的存在，為什麼祂不公平地創造每個人呢？為什麼不是每個人都攜帶著正面的業？為什麼不是每個人都可以有同樣的「軟體」？所有這些糟糕的不平等有什麼意義呢？

這些問題從古至今一直困擾著人類。

現在，先暫停下來，讓我們帶著絕對的清晰度來檢視這個問題。

如果這麼做，你就會發現人類受苦的主要原因，不是身體的殘疾或貧窮。人類受苦的原因是**自己**。

讓我們先對疼痛（pain）和受苦（suffering）做個區分。痛是生理上的，身體受傷就會產生痛感。疼痛是身體警示你的方式，告訴你出問題了，必須採取行動。疼痛是有用的，這是有價值的警鐘。相反的，苦是心理上的，而且是你製造出來的；百分之百的苦都是你自己製造的。疼痛是你別無選擇，但是受苦這事，你是有選擇的，而且你永遠都可以選擇**不**受苦。

讓我們仔細來看看這一點。一千年以前，世界各地的人都在同樣簡樸的房子裡快樂生活著。這不會出問題。現在的問題是：有人住豪宅，有人住一房一廳的公寓，而這就是後者受苦的源頭；有人有三部車子，有人只有一部車子，這就是後者受苦的源頭；有人出國度假，有人不行，這就是後者受苦的源頭。

所以，並不是物質環境導致你受苦，而是你的**反應方式**。你的業不在於你遭受了什麼，而在於你如何回應。人類幾乎可以為任何事情受苦：因為進不了大學受苦，進了大學又因畢不了業受苦。有人因為找不到工作受苦，有人有了工作後卻更苦。有人因為沒結婚受苦，有人結了婚仍活在痛苦中。有人因為沒孩子受苦，有人有了孩子也經常在受折磨。因此，你會受苦不是因為你的處境，而是你塑造自己的方式，而這個就是你需要去觀察的。

那麼，命運呢？關於自由意志與命運之間沒完沒了的爭論呢？這些問題至今仍然困擾著許多人。

每次被問到這些問題時，我的第一個回應就是去指出，這種爭論會永遠持續下去。你想一輩子都在爭論這個問題嗎？就像是雞與蛋的問題，永遠無法爭論出結果。

來看看以下這個故事：

睽違近二十五年後，有一天山卡拉．皮賴跟一群大學朋友聚會。他們在餐廳裡慶祝，點餐後，食物和飲料送了上來。大夥兒聊著聊著，免不了就聊到這個問題：「你們認為先有雞還是先有蛋？」於是，一場激烈的舌戰就此展開。

正當大家忙著唇槍舌戰時，山卡拉．皮賴卻大口大口地喝著飲料，吃著放在前面的點心。於是朋友們問他：「嘿，這麼重要的辯論你都不感興趣啊？難道你不想知道答案嗎？你認為哪個先，是雞還是蛋？」

山卡拉・皮賴抬起頭說：「你先點哪一個，哪一個就先來。」

你真的想把餘生都用來討論自由意志與命運嗎？

在東方，關於業，我們只有簡單的一句話：「你的人生是你的業。」意思是：你可以掌握自己多少的業，取決於你有多少程度變得有意識。如果你能夠駕馭自己的肉身，你生命和命運的一五%至二〇%將掌握在你的手中；如果你能夠駕馭自己的心理進程，你生命和命運的五〇%至六〇%就由你掌握。倘若你能夠駕馭自己的生命能量，那麼你百分之百的生命和命運完全由你掌握。

假設我種了一顆芒果種子，我能預期當樹長成後，有椰子從樹上掉下來嗎？我能期待它長出櫻桃或蘋果嗎？這顯然是荒謬的。如果你種下的是芒果種子，就只能得到芒果，這是由種子決定的。但是，還有其他因素確實是你可以掌控的：可以結出多少芒果？芒果的品質如何？要多長時間才能結出芒果？這些因素，你確實可以控制。

在此，我要另外提醒你：如果你對生命挖掘夠深，甚至可以改變種子的本質，但這需要一定程度的瑜伽功力。由於這部分已超出本書範圍，我們就略過不談了。

多數人所謂的「運氣」，只不過是一種能力，可以讓你在對的時間出現在對的地方。你還有許多能力是無意識的，所以你無法完全控制自己會吸引哪種境遇。不過，有件事是你可以控制的：你對發生在自己身上的事情如何反應。

你今天可能中了樂透，但至於你能夠活得多快樂，還是由你決定。窮人贏得一百萬元，或許會欣喜若狂；富人的銀行存款可能比一百萬還要多，但仍然不快樂。因此，單靠運氣並不能決定你的快樂。

一般而言，業這個字在粗淺的用法中被拿來提示：如果你做了壞事，就會有壞事發生在你身上。這種看待生命的方式，非常局限又過度簡化。業與道德上的善惡無關，它只跟因果有關。

如果現在有人來找你，抱怨他的心臟阻塞了，難道是因為他過去做了什麼壞事嗎？不是的。更可能的原因是，他活得太任性、飲食無度，把身體搞壞了。這本身就是不好的業，因為他缺乏如何照顧身體系統的必要知識。無知也是一種業，就像行動是業，但不行動也是業！

有個人最近來找我，說他好友的一隻手喪失了功能。這種意外事故固然不幸，但真正的問題不在於你有多少隻手，而是你是否因此而受苦。

許多印度神祇的畫像，都可以見到四隻或更多的手。但如果你也有四隻手，極可能會為此而受苦：你不會自認為是神，你只會認為自己是怪胎。因此，肯定會為此而受苦。

我就認識一個這樣的人：他多了一根手指頭，總是把手藏在口袋裡。為什麼？那根手指頭既不會痛，也沒毛病，問題就在於其他人只有十根手指頭，所以他覺得自己很怪。由此可知，不是九根或十一根手指頭讓他受苦，單純只是他與人比較後所製造出來的苦。這是一種心理遊戲。

距離印度哥印拜陀（Coimbatore）Isha 瑜伽中心（Isha Yoga Center）大約七英里

處，有一個警察局。大概二十五年前，裡面約有八、九名員警，到了現在則有十四名，這個警局負責管理二十五萬人。他們沒有巡邏車，身上也不帶槍。任何時候，都有三或四個員警休假，夜間執勤的員警有三位，所以實際待在警局的只有七、八位。如果你晚上打電話到警局，其中一位員警會騎著腳踏車過來，或者讓你去局裡做筆錄。這裡沒太多執法機關，但也沒什麼人犯罪。

這個地區的許多村民生活貧困，但大抵上過得還算平和、快樂。他們可能看過有人開著賓士或賓利（Bentleys）這類的好車子前往 Isha 瑜伽中心，但並不會對命運感到絕望，或嫉妒他人的好運。他們偶爾會犯事，但通常只是家庭糾紛或種姓衝突，謀財害命等重大犯罪事件極為少見。這些人可能缺乏有意識的靈性進程，但有一種民風卻是深入骨子裡。對他們來說，這是他們的業；他們把自己的人生視為自己的作為，因此覺得沒有必要去拿別人的東西，也沒有必要去覬覦他人的財產。

我不想把貧窮浪漫化。有人可能會說，這種想法會導致宿命論和消極。我們絕對有必要將某種動力重新注入對業的理解中。重要的是要讓人們認識到，如果貧窮是自己造成的，那麼他們也可以翻轉它。**業意味著你可以改變命運，而不是受它宰制**。但與此同時，這種在任何境遇中都能創造喜悅的能力也很神奇。這些人也許窮，但他們沒有受苦。

受苦和悲傷都是選擇造成的。當然，身體上的疼痛必須用某種特定方法來處理。但受苦只是心理上的，如果你在心理上受苦，意味著你就是自己受苦的源頭，你是自己痛苦的製造者。

你內在的業質（karmic substance）可能包含了所有製造苦的必要原料，或許所有這些原料是你過去在無意識中種下的，那麼今天你能做些什麼呢？答案很簡單：**今天不要為自己製造痛苦！**也許昨天有糟糕的事發生在你身上，也許你失去所珍視的一切，但今天早上當你起床時，你還是可以選擇不為自己製造痛苦。沒錯，受苦的原料還在，它們正在伺機待發，甚至會誘惑你，但它們自己無法成為苦。

苦必須每天新鮮烘焙出爐。換言之，沒有你的合作，你的業無法轉變成苦。一旦你有此覺知，就是苦的終結。

所以說，你受苦的源頭，**不是**你過去的行為，而是你現在如何處理過去的印記。你可能隨身帶著一袋發臭的垃圾，你可以把它塗抹在身上，讓自己變得慘兮兮；或者，你可以把它變成優質肥料，打造一座美麗的花園。

業是種子。你會拿這顆種子做什麼，完全由你決定。如果給我一包各種各樣的種子，然後我把它們都撒在花園裡，也許所有的種子都會發芽。有些芒果種子會結出甜美的果實，但可能也有一些結出苦澀果實的種子。銀膠菊或許是一種不受歡迎的雜草，而我可以選擇將它拔除。我可以除去那些多餘的，把其他的留下來。

你日常的食物就是這樣栽種的。有很大一部分的農務就是除草，事實上，你花園中的雜草甚至比你種的植物還要多。如果你不斷除草，就會有一座花園；如果你什麼都不做就此放棄了，就會有一片雜草等著你（當然，有些人也學會了欣賞雜草）。

你的人生也是如此。你有你的「種子」業，但你也有「除草」業。這就是意志發揮作用之處，這也是意圖無比重要之處。如果你決定不行使你的「除草」業，那麼你的人生就只會是個雜草叢生的荒野；如果你選擇去執行這個簡單的功能，你的人生將會有意想不到的豐收。

◆宗族之受：共業的重量

那麼，有共業這種東西嗎？父母的苦會傳給孩子嗎？為什麼有些種族和群體似乎比其他族群遭受到更多苦難？

現在就算我們以個人身分行事，但我們的所作所為也會影響到其他很多人。因此，我們的明智或愚蠢之舉，都會帶來集體性的後果。如果我們選擇住在高山上，野生動物的業對我們的影響可能會更大。但是，既然我們選擇住在社會環境中，與人生活在一起，其他人的意圖和行為就會影響我們。這就成了我們的共業。

還有一種稱為「宗族之受」（kula vedana），指的就是集體的苦難，亦即一個家庭、一個宗族或一個群體的痛苦。這意味著，你自己所受的苦，不僅僅是來自於你個人的過去，也來自於你的祖先，而且還會傳給你尚未出生的孩子。

這就是為什麼傳統社會中，會對異族通婚保持非常嚴格的界線。這些界線後來逐漸發展為被普遍接受的正統觀念及社會歧視，並且與當今的世界脫節。然而，這些觀念的出處，卻是根植於一定的認識。這個問題的關鍵不只跟遺傳有關，更是基於這樣的認知：有種印在能量系統上的業的記憶，會被傳遞給後代子孫，從而讓痛苦延續下去。這意味著，你正在製造的業，必然會對未來世代產生負面影響。

雖然這些界線在現代世界無立足之處，但許多人正在為後世製造無數的苦難而不自知，其中往往涉及到大量的自欺欺人。這些人或許被視為社會的棟梁、道德的典範，但他們的觀念和生活方式，卻可能會將痛苦傳遞給未來世代。由於無知，他們不只汙染了自己的人生，也汙染了他們子子孫孫的生活。

因此，你如何過日子不僅僅是自己的事。前幾代人能否從自己的業中解脫，未來幾代人能否不受苦，這也取決於你存在的方式。你在這一生中有幸得到的恩典，也會影響到前人和後人的生活。

印度史詩的一些故事中，有的國王不是王者的子嗣，而是聖者的子嗣。在這種稱為「尼育伽」（niyoga）借種生子的做法中，王后會跟聖者生孩子，而不是與自己的丈夫。這種事是在國王完全知情下完成的，其目的在打斷家族的痛苦鏈。國王不希望自己的孩子繼承他所有負面的業，同時也想要一個比他親生子更好的人選來繼承王位。在今天看來，這或許有點匪夷所思，但它卻是基於以下這個簡單的邏輯：一個王國理應有個最好的統治者。國王不想用自己的痛苦、貪婪及欲望，來削弱或毒害他的後代，他想給他的子民最好的。在現代人看來，這種做法顯然已經落伍且不合時宜，因為我們已經找到了民主的方式來選擇領導人。但在當時，這種做法是奠基於對生命是如何發生的一種認知。

如果你以觀眾的身分去看電影，應該會挺享受的——你可能一邊吃著爆米花，一邊又哭又笑，看完電影是怎麼拍拍屁股就離開了。但電影製作人對整部戲的看法就不一樣了，他知道這部電影是怎麼拍出來的，也知道電影背後用了哪些技術。一個單純的觀眾，永遠不明白電影是怎麼創作的。生命也是如此。一些古老的智慧傳統明白生命是如何運作的，有些在今天看起來怪異的做法，就是出自於那樣的認知。

共業還有一個非常簡單的層面。二十世紀初，世界總人口有十六億；到了二〇二〇年八月，世界總人口估計為七十八億。此一事實，就是一個不負責任的業的例子。如果人口按照這種速度增加，絕對是我們自己造成的，不能怪罪於上帝的旨意。

我常講的一件軼事，發生在我去參加一個關於貧窮問題的國際會議時。當統計數字顯示每年有數百萬名兒童死於營養不良時，有位與會者起身說道：「這不都是神的旨意嗎？」

我說：「是的，如果有人餓得快死了，當然，那一定是神的旨意。如果別人的孩子就快要死於營養不良了，那也必定是神的計畫。但如果是你餓得要死了，你會有自己的計畫，不是嗎？」

遺憾的是，我們扭曲了生命的基本層面，以符合我們自己歪曲的、自私的邏輯。以神之名，我們甚至剝奪了人類的人性。這個世界上關於神性的討論已經太多了，你用不著再去談神性。相反的，如果你能允許自己的人性滿溢，那麼神性自然就會顯現，它是必然的。我們的目標應該是把自己打造成這樣：是我們奴役神性，而不是反過來——讓神性奴役我們！

業的原意是行為。誰的行為？**我的**行為。誰的責任？**我的**責任。如果這個簡單的陳述你明白，那麼業就豁然開朗了，用不著複雜的理論。你只要這麼看：「我現在的樣子，是我造成的；我明天的樣子，也是我造成的。」這就是業，也是最具動力的存在方式。

今天，如果一個走在我們前面的孩子，連最基本的營養都得不到，這是我們的共業，是我們造成的。作為一個社會或一個世代，我們沒有做到為滋養那孩子應該做的。那個孩子雖然不是我們生的，是另外其他兩個人造的業果，但這仍然是我們的業。每看見一個營養不良的孩子時，我們的心裡都會隱隱作痛，我們無所遁逃，這是我們的業。

我們現在有唾手可得的科技，可以用來創造空前的幸福，也可以用來毀滅地球不只數次。如果無知者被賦予力量，用不著核子大屠殺，全人類就有毀滅的危險。不需要任何核子武器的幫助，我們就有能力毒殺自己。

然而，當每一個人都意識到自己的意向、想法和行為會帶來重大後果時，一個巨大的可能性就露出曙光了：一個有意識的地球。這時，我們不僅可以成為自己命運的建築師，還可以成為創造人類共同命運的合作者。

◆命運與占星術的爭論

那麼，命數、命運和天意呢？在決定我們的人生上，它們是否扮演了某個角色？它們與我們對業的理解，到底有沒有關係呢？

現在是到了打破一些迷思的時候了。所謂的命數，不過是你在無意識中為自己創造的一個人生情境而已。你的命運，是你在無覺知中創造出來的。如果你變得百分之百有意識，你的命運就會變成一個有意識的創造。相反的，如果你繼續無意識下去，就會落得以**命數**和**天意**這樣的語彙來形容自己的困境。事情就這麼簡單。

我們的所有作為都會有後果。不管後果是出現在今年、明天或十年後，都無關緊要；重點是，後果一定會以某種方式出現。因此，多年前你在無意識下做出的一些行為，也許後果就在今天出現了。你可以選擇稱之為命運，但你也可以稱它為你的業、你的責任。

假如現在你被診斷出患有高血壓，你可能會想：「啊，為什麼會發生在我身上？為什麼是我，不是我的鄰居？」大多數人不會承認，發脾氣是他們長期以來的家常便飯。現代社會中，一天發五次火被視為稀鬆平常，人們總能為自己的憤怒找到正當的理由。經年累月下來，很多人有高血壓又有什麼好奇怪的？經年累月地汙染地球，並且拒絕改變生活方式之後，有這麼多疾病在全世界肆虐，又有什麼好奇怪的？難道我們不應該為此負起共同的責任嗎？事實是，人們創造了自己的人生，社會編寫了它自我毀滅的故事，但我們卻試圖把責任推卸給上帝或命運。這也許方便，卻是一種愚蠢又不成熟的存在方式。

既然命運是在無意識中創造出來的，那麼讓你人生各方面都變得有意識，就格外重要了。否則，你可能會在渾然不知的情況下毒害自己的人生。

於是，這就引出了一個相關的問題：如果人生是可以自己決定的，那占星術又該如何解釋？那些神準的預測呢？還有在西方占星術中，被很多人奉為生活圭臬的出生圖（natal charts），或是我戲稱的「恐怖圖」（horror-scope）❶呢？既然算命這行業能夠存活這麼多世紀，肯定是有些道理的吧？

占星術只是用來描繪人生中某些可能性的一種簡單方法。如果我看著你，因為你業的軌道對我來說顯而易見，我就可以說：「好的，根據你天生的傾向，這就是你人生會走的方向。」這一點都不深奧。占星術只是一種可能的人生路線圖，它把你的傾向和遺傳特徵都列入了考慮。

但我們來看看這個情況。一千年前，如果你是個海員，風往東吹，你就會往東走，你可能想去的是美洲，結果卻到了日本。這是避免不了的，因為是風決定你的去處。但是，如今不一樣了，風愛往哪裡吹，就讓它往哪裡吹，我們還是可以到達要去的地方。我們推動自己的人生，不允許風把我們吹來吹去。同樣的，對於生命的進程來說，如果你是自力推動的，我們會說你是行走在靈性之路上。如果你是任由累積的傾向、習慣及偏見所左右，那麼你就只能受到「恐怖圖」的支配。

傳統上，印度家庭會求助於天宮圖（horoscope）這種占星術，因為它會顯示一個人的傾向、業質，以及人生可能的走向。基於對這種占星術的解讀，這個人可以轉而求助於某種靈性練習，讓自己超越這些傾向。但隨著時間的推移，我們把這些超越的技術都丟失了，只落得和「恐怖圖」為伍的下場！這真的很令人遺憾。

按定義，靈性練習始終在於把命運掌握在自己手裡。如果你要飛行，可能會看看天氣狀況——風往哪裡吹、雨雲是否朝你飄來，以及低壓區在哪裡等等。傳統上，人們求助於天宮圖，也是基於同樣的理由，但其目的始終都是為了書寫自己的命運，而不是放任自己承襲的傾向和習氣來代筆。

在印度神話中，摩根德耶（Markandeya）的傳奇故事證明了一個人掌握自己人生的決心。摩根德耶被預言會英年早逝，這個勇敢的青年卻戰勝了自己的死亡。雖然他確實尋求恩典來克服死亡，但學會如何對恩典敞開也是業。這就是所謂的「具有靈性」。它意味著你願意把生死都掌握在自己手中，也意味著你對自己說：「我的祖先是誰、我的業質為何、我的過去如何，都不重要。我已經確定了自己要走的路，下定決心走向自我解脫。」

在任何情況下，天宮圖都只是一種被用來避開可能障礙的方法，從來就不是讓人盲目遵循的人生劇本。事實上，如果你行走於靈性道路上，那麼真正的占星師絕對不會預測你的未來。「具有靈性的」，其意思就是：你致力於規畫自己的命運。當你走在這樣的道路上，基本上你是在向世界宣告：「我不靠風力，我是自力驅動的。」

❶譯註：正確的英文是 horoscope，中文譯為「天宮圖」。因為字首 horo 的發音類似 horror（恐怖），薩古魯便把它戲稱為 horror-scope。

如果你想做到自力驅動，首先要確立你的意圖，讓你的意圖盡可能地包容一切。從一個簡單的決定開始：我要成為世界的母親。這意味著，你要視人如己，每一個人都是你這個大家庭的一員。

當你走在街上，能否像看到自家孩子放學回來時那樣，生起一種親切、甜蜜的情緒去看待每個人？光是這樣的意圖，就足以把你從極度的躁動和負面中解脫出來，並對你如何創造自己的命運有重大的影響。

如果你每時每刻都能意識到，地球上的每個人、每件事都是你的，你就已經改變了自己的根本身分，再也不需要任何法律來告訴你什麼該做或什麼不該做。現在，你業的邊界已經消失，你體驗到了一種無邊無際的感覺。一個具有包容性及參與度的全新身分，誕生了。

第三章

業就是記憶

❀第三經：違背生命的罪行只有一個，那就是以為自己有別於生命。

◆龐大的記憶庫

有這麼一個故事：

有一天，山卡拉．皮賴對妻子大發雷霆，然後轉身出門了。他在街頭晃蕩了一整夜，接著來到一家餐館吃早餐。當服務生走到他桌邊點餐時，他說道：「請給我來杯如水般清淡的咖啡、重鹹的香料扁豆燉蔬菜（sambar），還有像石頭一樣硬的蒸米糕（idlis）。」

服務生一頭霧水：「但先生，我可以給您來些又熱又濃的咖啡、美味的香料扁豆燉蔬菜，以及超鬆軟的蒸米糕。」

「你這個白痴，你以為我是來這裡吃早餐的嗎？」山卡拉．皮賴質問。「我只是想家了！」

所以不管是什麼，一旦你習慣了，無論它讓你感覺愉不愉快，你都無法放下！

如果決定業的是意向，那麼我們不免要問：你的意向從何而來？

就像我們之前談過的，它來自於你對分離感的認同。

那這種自我認同從何而來？

來自記憶。

你相信自己是一個獨立的個體，因為你的記憶告訴你，這個就是你。

因此，也許更準確及更有用的做法，就是把業描述為記憶。

好好想一想：你自認為是「自己」的所有一切，都是記憶的產物。你所謂的「我」——從任何意義來說——都是你過去的產物。

你透過五種感官所接觸到的一切——你看到的、聽到的、嗅聞到的、嘗到的、碰觸到的，全都存在你的記憶裡，也都在影響著你的個性。你在清醒時和睡夢中收集到的記憶，都點滴不少地存在這個記憶庫裡。

無論你是否意識到，你身體的每個細胞都記得你生命中的每一個時刻，並時時展演著這些記憶。每分每秒，生命都在對你訴說著你的業。問題是，你只聽從自己的想法或你鄰居的話語！要是你能聽從生命的運作，那麼就不再需要教導或經典了。

業是非常巨大的噪音，如果你聽不見它，只是因為你已經習慣去聽外在世界的聲音。然而，一旦你學會往內傾聽，就會清楚聽見業的喧囂，聲音之大、分貝之高，你絕對不會聽不到！

你的身體就是你日積月累吃進去的一堆食物，而你的頭腦則是你日積月累消化吸收的一堆印象和想法。兩者都是過去的產物，也都是記憶的產物。因此，無論你認同的是自己的身體或頭腦，你所謂的個性就只是記憶的累積。**你認為是「自己」的所有一切，其本質都是業**。

如果你從家裡出來走過幾條街，可能有一百種不同的氣味向你襲來，不過你可能沒有意識到這些，除非有一股非常強烈的氣味撲面而來，你才會注意到。然而，你的鼻孔在無意識下接觸到的這一百種不同的氣味，事實上都已經被儲存在你的記憶裡了。

實驗已經證實了這一點。比方說，一個不懂中文的人在沉睡後，讓他暴露在中文環境中，經過幾年後，在催眠的某些狀態下，他真的可以把睡覺時聽到的十句中文說出來。記憶就是這麼運作的，身體、頭腦和能量系統每時每刻都在吸收信息。

你可能不記得二十五年前發生的事，但它仍在影響著你。二千五百年前發生的一切，也烙印在你的身體裡；二千五百萬年前發生的事，如今還以編碼形式留在你的身體裡。此外，地球上曾經發生的所有事情，你的身體依然記得，因為你的身體是這個星球的一小部分。

開天闢地時的記憶，就在**這裡**。你的頭腦可能忘記做為單細胞生物的事了，但你的身體記得；你的頭腦可能忘記你的曾祖母了，但她的鼻子還掛在你的臉上。你可能會拿「遺傳學」來反駁，但如同我們先前談過的，遺傳學本質上就是記憶。大家以為記憶只是指頭腦而言，其實不然，身體所攜帶的記憶量是頭腦的十億倍以上。

你身邊的花草樹木、岩石及各種物件，正在發射出不同的振動。每一塊卵石、每一顆石頭，都在訴說些什麼。問題只是，多數人沒有足夠的敏銳度去聽見它們，沒有足夠的專注力去解讀它們的語言。

如果現在你所有層次的記憶都被抹去，你會完全失去個性。每個人的個性差異，全都是因為記憶——生理的、心理的及能量上的記憶。當這些記憶展現為行為時，你會變成一個聽命於宿業的機器人，運用明辨心的能力會逐漸下降，選擇能力也會受到妨礙。

隨著業的束縛越來越多，你自然會試圖把自己的圈子越畫越小。十八歲時，大多數人畫的是大圈子，到了七十歲，圈子縮小了，然後人們發現，跟自己合得來的人寥寥可數。藉由畫業的圈子，你確定了自己責任的邊界。隨著你不斷縮小邊界，你就會直接朝著抑鬱寡歡而去。不過，人類的問題是，我們一直把自己的束縛標上名為「自由」的標籤！

有個簡單的方法，可以檢測你是擴大或縮小業的圈子。當人生境遇將你置於不熟悉或想不到的環境時，你的反應是什麼？如果你必須應不同的場合而有不同穿著，或是發現自己的鑰匙不見了，或是你的鞋子跟著別人走了，或是入宿旅館時才發現自己只能睡在地板上的床墊，這些時候你會怎麼反應？這些都是小小的觸發事件，你可以想想更大的觸發事件，然後問問自己：「我的反應會是什麼？」如果光是想到這些情境你就感到焦慮的話，代表你所處的業的空間非常侷促。

這些無意識的反應，成了你個性中未經審視的層面。久而久之，這些模式會變得越來越僵化、越來越凝滯，於是你說：「哦，我就是這種人，這就是我的個性。」有人可能提供你一個更好的生活方式，但你發現自己根本不當一回事，還會說：「不，不，我就是這個樣子。」

這種事在你身上不知發生過多少次了？你下定決心：「我要在人生中做出這樣的改變。」前三天，你是「轉化」了，到了第四天，你又走回了老路。儘管你試圖做出不同的選擇，但最終還是舊模式當家作主。

十八歲的你，看起來有許多不同的發展空間，但隨著年紀越來越大，你的選擇似乎變得越來越少，甚至感覺只有一條路可以走。隨著業質日益增多，頭腦的明辨力變得幾乎快無用武之地，因為現在的你主要是根據習性、模式和週期式的循環在運作。

業的模式對人的吸引力可以很強大，因為大多數人對於熟悉的事物會有一種安全感。這些模式或循環是大或小無關緊要，它們的重複出現對於那些害怕不熟悉事物的人，可以提供一種安全感、認同感，甚至是力量。

來看看下面這個故事：

二〇〇九年，森林裡的獅子慢悠悠地走到一頭豬的面前吹噓：「快看我！我是叢林之王。只要我一吼，整個叢林都會嚇得瑟瑟發抖。」

豬笑著說：「這算什麼！只要我打個噴嚏，全世界都會嚇得瑟瑟發抖。」

現在，身分這玩意兒所掌握的權力（在豬流感盛行時，這隻豬非常清楚自己的重要性），絕對比以往任何時候大得多。

所以，如果你要掙脫業記憶的暴政，就必須打破業質。否則，來到世間為人，具有這等的智力與覺知，卻把人類偉大的選擇權給放棄了，這真是個悲劇。

◆人類就是業的包袱

我四、五歲時，看到的人常常是模糊不清的形狀。如果我坐在客廳看著身邊的家人——母親、父親、兄弟姊妹，全是霧茫茫像幽靈一樣的存在，晃過來又晃過去。如果我是在走動或講話，我看到的他們就是人的樣子；如果我只是坐著，就會看到他們飄來飄去的模糊樣子。一旦你看到的人是半固態的模糊樣子，日常生活的整個劇本就變得毫無意義了。冷不防地，我爸走過來問道：「你數學的學期考試怎麼樣？」我完全不知道他在說什麼！感覺就像是在看按下靜音的電視一樣。

另外一件很難讓我留下清楚印象的，是人的性別。有很長一段時間，我的腦袋中根本沒有這種分別，甚至在這之後，我也從來不會太注意一個人的外型。能夠一直吸引我注意的，是我在人們的周圍可以清楚見到一個更大、更模糊的形體，而我從來不覺得有必要去定義這些東西。後來我才明白，這些模糊的形體是每一個生命都會攜帶的能量體，瑜伽術語稱之為「能量身」，而在能量身上可以清楚地看見業的印記。

這說來可能令人費解，但我的頭腦從來不會想去理解我所見到的任何東西。如果我看不清楚，就只會看得更專注一點，但不會花力氣從理智上去理解它。如果你想要看得透徹，只要磨利自己的感知就行。例如，如果你足夠敏銳地觀察一棵樹，就用不著讀園藝手冊，馬上就能評估它有沒有足夠的日照或水分（當然，今天一個可悲的諷刺是，許多人坐在樹下時，不是選擇去向樹木本身學習，而是選擇看一本與樹木有關的書）。

這就是整個瑜伽學門在講的：只是學著去看。這也是為什麼，我會一直告訴身邊的人——什麼都別找。別去尋找生命的意義，別去尋找上帝，**只要去看**——看就行了。生命在於你看到了什麼，而不在於看到想要看到的，這是一個靈性探求者的基本特質。

人們是如此認同於自己的個體性，被自身的業質所塑造，以至於反映出同樣的局限性。他們視每個人為有限的個體，因為他們也是如此看待自己的。他們沒有視生命為生命，而是認同於生命的碎片。

正是時候超越扭曲的「業的透鏡」了，這面透鏡讓人們把投射當成了真實，把支離破碎、受記憶驅動的心理創造，當成生命本身不可思議的壯麗。現在是時候認清以下的事實了：**違背生命的罪行只有一個**，就是以為自己有別於生命。遺憾的是，我們對個體性的看法就是分離的，而這就是一切痛苦的根源。

就像每個原子都蘊藏著巨大的力量（大到足以造成無法想像的破壞），而人類智慧蘊藏的固有力量，同樣被裂解為想法和情緒的原子化形態。這些已然成為難以言喻的痛苦和破壞的根源，問問地球母親，她一定會同意！我們對自身是分離個體的認同，破壞了偉大的宇宙創造，也崩解了我們生命的共通性。

然而，**最終勝出的是共通性**，而不是我們支離破碎的身分。在萬物的終極布局中，人類算不上什麼；就算把地球毀掉，也不算什麼。宇宙創造就像電子遊戲，一旦遊戲結束，螢幕上什麼都沒有留下，就連一丁點的暗示線索也沒有。

所以，以下所說的並沒有貶低人類的意思。從以前到現在，我看著人們時，看到的只是一袋袋的業，有人是大包袱，有人是小包袱，有人就只是一個信封。至於每個包袱的質性與影響，基本上可能都不一樣。業的內容較輕，人生就比較安逸、輕鬆；而你跟每個人的應對進退，自然而然就會據此進行。如果你的業是輕量級的，別人能更輕鬆接近你。

假設現在有一百個人坐在我面前，當我把注意力集中在某個人身上時，我可以個別地感覺到這個人特有的振動，並且透過這振動來知道對方所有的業。我或許不知道這個人前世做了什麼、是否結過婚、是否有小孩，這些細節我未必會知道，但我知道這個人業的質性，知道其主要質性是怨恨、憤怒或平靜。在見到一個人的當下，我會知道這些；如果要知道更多細節，就得進入一個人的潛意識，但那是一個不同的維度了。無論如何，僅僅見到業的包袱，我就可以對那個人的業有所感覺。

但無論是大包袱、小包袱或信封袋，未必與業的多寡畫上等號，我們要看的是業質的**密度**。事實上，一個信封袋所裝下的業，也可能比任何一個麻袋要裝的多，區別在於精細度。在恐懼、憤怒、怨恨和嫉妒中累積的業質會造成一種密度，使得它不僅難以背負，也難以處理。因此，將業分為「好」與「壞」的傳統做法，完全是膚淺的劃分。但不可否認的，包袱越精細，就越容易背負。一口大袋子，裝的可能是鬆散的棉花；而一只信封袋卻可以如一部史詩般沉重！

我曾明確地對許多人說過，他們會遇到某些健康問題、意外或破財之災（有時早於十年之前就提前跟他們說）。我可不是用占星術來為他們預卜厄運，這純粹是一種基於觀察業的軌跡所得到的感知。這些事件本身沒有好壞之分，只是在他們的軌跡上會發生的事而已。當事者可以透過遠離這些事件，或者做一些替代的業來抵銷，從而改變這些事件。

我自己攜帶的業比大多數人多一百萬倍，這是因為我有意識地去記住好幾世前發生的事，但它們不是我的包袱。如果你認真觀察世界上多數的知識分子，就會發現，他們因為記憶而變得沉重了。我攜帶的記憶比大部分人更多，但我沒有受它羈絆，因為我跟自己攜帶的業保持一定的距離。有需要時，我可以取用它，但不會把它背負在身上。透過練習，每個人都可以做到這一點。這就類似於我們把電腦檔案儲存在雲端一樣，需要用到時就去取用，而我們的硬碟也不會被擠爆。因此，我確實可以取用好幾世的記憶，但它們全都存在「雲端」裡！

◆記憶的八個膜層

瑜伽有一套縝密的劃分系統，將記憶分為八個維度（dimensions）或八個膜層（membranes）：元素（elemental）、原子（atomic）、演化（evolutionary）、遺傳（genetic）、個人業（personal karmic）、感官（sensory）、有表的（articulate）以及無表的（inarticulate）。

基本上，這八種都可以視為是人類的業。前四種記憶，與個人意志無關；後四種記憶，個人的意志確實發揮了作用。換言之，前四種構成我們的共業，而後四種則構成我們的**不共業**（individual karma）。

讓我們來看看記憶的前四個層面，也就是跟個人意志無關的記憶。

元素記憶指的是，建構你系統的磚塊——地、水、火、風、以太五大元素——形塑你的方式。它們攜帶著創世之初的記憶。

原子記憶是構成你身體原子的振動模式，進一步地塑造你的身體系統。

演化記憶會磨練你的生物機能。正是這個演化軟體，讓你成為人類而不是其他動物；就算你吃狗食，你仍然是一個人！這個演化碼深深地刻印在你的DNA上。

你的身體究竟是什麼？如同我們先前談過的，身體只不過是你從地球吸收來的食物、水和空氣的累積。你稱之為土壤的物質，跟你稱之為身體的物質，並沒有不同，只不過是一堆複雜的記憶將那些物質轉化得無法識別。同樣的土壤轉變為食物，當你吃下食物後，它會滋養你，讓你成為一個人，而不是一株植物或一隻狗。在這一世生而為人的特權，主要是拜演化記憶所賜。

水、空氣和食物等同樣的外部元素，在每個人體內的表現都不同。一旦你攝取它們，它們便開始以非常不同的方式發揮作用。瓶子裡的水跟你體內的水就非常不同；同樣的，水果一旦被你吃進肚子後，它的表現也會很不一樣。這種轉變，主要是因為你內在的原子記憶、元素記憶及演化記憶的交互作用。

在元素記憶、原子記憶及演化記憶的維度上，我們所有人都是相同的，但我們的遺傳記憶和個人的業就不同了。**遺傳記憶**在家族中代代相傳，決定了幾個共同的生理和心理特徵。

除了形成**共業**的這四種記憶之外，還有個人意志在其中發揮作用的另外四種記憶，這些形成我們個人的**不共業**。

首先，是**個人業的記憶**。隨著時間推移，在連續不斷的印象轟炸下，把我們塑造成各個不同的人，每個人都有各自的怪癖和性格、喜歡和厭惡、習慣和偏好。每個人都帶著一個業記憶的龐大貯藏庫，這就是為什麼沒有兩個完全相同的人，即便是雙胞胎也不會完全一模一樣。

我們每天與周遭物質和文化環境的交流，也會對我們的系統產生影響，決定我們的身心如何去回應世界，同時創造出**感官記憶**。

然後，我們還有**無表記憶**，這是一個龐大的貯藏庫，儲存了多劫以來所累積的一般信息和特定信息，但我們覺知不到它們。它是一個基礎，類似於房子的地基，會默默地影響著你收集**有表記憶**的方式。有表記憶是你的上層結構，是每個人內在攜帶的一切有意識的信息所產生的影響。

這八個維度的記憶並不是獨立的膜層，而是緊密地交織在一起。正因為這種緊密的聯繫，才造就了我們周圍人群如此精采的多元性。這些膜層共同構成了一個人所有的業。

演化，是記憶不斷地在自身之上累加，以便達到生命更高的可能性。然而，已達演化顛峰的人類，可以超越整個累積的記憶，成為自己命運的建築師。

◆當亡者透過你而活

最近我在洛杉磯帶領的課程中，看見四個長得很像的女士，她們並不是姊妹，只不過看的醫生是同一個！因此，今天我們有很多巧妙的方法可以重塑自己的基因遺傳。

印度傳統上有個字 samskara（印記），被用於描述遺傳記憶對我們現況的持續性影響。事實上，你身體攜帶的記憶，是頭腦記憶的一萬億倍。samskara 這個字，代表的是我們的祖先、宗族或部族遺留給我們世代相傳的記憶和印象的大漩流。

因此，當一個小孩唱歌唱得特別好聽時，人們往往會說：「哦，那是他的 samskara。」意思就是，這孩子特殊的唱歌天賦是來自他的基因庫，來自祖先們的學養。

這些遺傳記憶本身並沒有正面或負面可言，關鍵在於我們如何對待它們。我們身上都帶著祖先們的記憶，但這些記憶究竟會成為束縛或是優勢的來源，則取決於我們跟它之間的距離有多遠。

死去的人試圖以各種方式透過你而活下去，這是無庸置疑的。看看你自己的人生，或看看周圍其他人的人生。對許多人來說，生兒育女是讓遺傳物質永生不死的方法，是確保他們死後還可繼續活下去的一種方式，這是他們希望繼續留傳給後代子孫的東西。所以，可別低估了你的祖先！他們也想透過你而活下去，這是遺傳記憶自我延續的本質。我們深受祖先的恩澤，但如果我們要在地球上以一個自主的、成熟的生命活著，而不是成為祖先的傀儡，首先就必須找到成為獨立個體的方法。

雖然靈性的進程在於消融分離性的迷思，但重要的第一步，仍然是先成為一個獨立的個體。這聽起來似乎很矛盾，但其實不然。當你是眾多影響力的結果時，你就是一群人，而不是一個人。當你是一群人或一個族群影響力的產物時，轉化就不可能發生。群體可以在一段時間內進化，但他們無法被轉化。如同「轉化」（transform）一詞所透露的，它必須先有一個形相（form）才能轉化。只有個體才有可能被轉化，也只有個體可以超越那認同於分離性的狹隘身分。一個群體永遠不可能開悟，開悟只能發生在單一個體身上。

我常常開玩笑說，鬼只有兩種：沒有身體的鬼，以及有身體的鬼；而大多數的人只是有身體的鬼。簡而言之，他們是自己過去的魅影，他們的人生完全是由祖先的記憶所編寫而成。

印記非常重要，因為它提醒我們：記憶在許多我們甚至沒有意識到的精微層面上塑造著我們。你可能沒有意識到這一點，但每個人內心深處都有個東西對失去自由深惡痛絕。

關於這一點最讓人痛心的提醒，就是監獄生活，這是我在監獄開設課程時親眼所見。監獄有趣的地方是，它們其實可以非常有組織、井然有序：食物準時送達；你有衣服穿、有地方住；有人會幫你開燈和關燈；有人會幫你開門，當然，也會有人在身後幫你關好門。對於那些活得很辛苦的人來說，監獄生活是一個什麼都被安排好的選擇。即便如此，當你進了監獄後，連呼吸的空氣都瀰漫著痛苦。這是一種說不出來的痛苦，因為安全是有了，但自由卻被拿走了。對人類來說，失去自由是最深刻的苦。

無論你的自由是被監獄拿走的，還是被你自己的印記、遺傳記憶或演化記憶拿走的，其實都不重要。不管是哪一種情況，你會發現，一段時間後，你的人生都會瀰漫著一種莫名的痛苦。你不知道為什麼，但你的整個存在似乎只剩下窒息、重複及壓抑。

二〇一三年，亞特蘭大埃默里大學（Emory University）在一項劃時代的實驗中，得出了一個有趣的發現。研究人員把櫻花的香味引進關著老鼠的籠子裡，同時反覆地對老鼠施以輕度電擊；一段時間後，只要櫻花香味一出現，不用施以電擊，老鼠就會嚇得朝相反的方向跑走。

然而，令人驚訝的是，在下一代老鼠身上同樣出現這種恐懼反應。當新生代的老鼠聞到櫻花香味時，牠們也經歷了相同的恐懼及退縮，而這些老鼠從來沒有被電擊過。這種對櫻花香味的高敏感性，甚至持續到了第二代和第三代的老鼠身上。

這個具有里程碑意義的實驗提醒我們，印記的作用可以有多麼不知不覺。這是一個提示，你今天的印記會如何影響到後代子孫。為了生存、延續和健康，你需要遺傳記憶，但你也需要跟它保持距離，才能活出一個充滿意識、喜悅及自由的人生。

但是，你如何與一個你甚至都沒有意識到的記憶保持距離呢？你如何與那些你沒有意識到，卻在你每個細胞中搏動的記憶保持距離呢？

印度的靈性傳統創造了一門精細的科學，讓遺傳記憶可以用來提高人類的能力和成就。另一方面，這門科學也能讓我們有意識地跟遺傳記憶保持距離，以便支持我們的靈性成長和解脫。

此外，有些家屬會立刻為逝去的親人舉行某種特殊的儀式和練習，這一類的法事稱為「業法」（karmas），或層次更高的「克里亞」（kriyas）。這些法事不僅是為了緬懷我們所愛之人，同時也是試圖擺脫他們的影響。像這一類的法事，我們不僅可以為上一代祖先舉行，某些情況下，祭祀對象還可以上溯到前十二代的祖先、前七代的祖先或至少前三代的祖先。

每一個文化都有這些法事的不同版本。耶穌曾勸誡弟子要把亡者留給亡者，如果我們想要真正活著，就必須這麼做。這些儀式象徵著我們想要重新開始的願望，並透過這些法事來表達：我們不想重複亡者的人生，我們想要一個全新的開始，想要編寫自己的劇本。

除了這些法事之外，某些瑜伽練習也可以賦予我們極大的力量。靈性啟引是從能量身的層面介入，讓你以某種方式從你的遺傳記憶中分離出來。

這也就是為什麼在印度次大陸中，有許多能量受到強化的形體，被聖化為保祐某個特定部族或群體的神祇。當有人為那種能量形相舉行儀式或法事時，出自同一基因庫的所有人都會受益。現今，在這些緊密聯繫的群體逐漸消失之際，基因庫比以往任何時候都要混雜，許多這類神靈幾乎就不合時宜了。然而，這些神靈的創造並不是毫無緣由的，確實涉及到真材實料的技術。

理論上，透過某些瑜伽練習也有可能達到同樣的效果。比方說，如果你從同一個基因庫中挑選一百人，再將強大的瑜伽練習傳授給其中的十個人，你會發現，經過三十個月或更長的時間後，這一百個人都會展現出該瑜伽的好處。這聽起來可能匪夷所思，但在遺傳基因相同且地理位置相近的情況下，這是非常有可能的。當一個人在以太身（瑜伽術語稱為 vignanamayakosha）的層次上被碰觸時，他就有可能去影響其他擁有相同印記的人。不過，這在現代社會中很難做到，因為族群混合和散居的程度前所未見。但話說回來，發生在以太身層次的啟引所帶來的好處，今天仍然可以影響家族範圍內的其他成員，即使影響的程度比較小。

在傳統的印度文化中，對孕婦也有詳盡的指導——孕婦該吃哪些食物，應該接觸什麼環境或置身在什麼氛圍中。這些關於懷孕和妊娠期的詳細指南，可說是東方文化的重要組成部分，因為他們知道印記會代代相傳的機制。

每一代人的基本責任之一，就是認識到我們只是手握接力棒的傳遞者，要把從上一代接過來的棒子交給下一代。我們的責任是交出一個更好的地球給後代子孫，但從目前的生態來看，我們已經不可能做到了，所以很遺憾的，在這個任務上我們是失敗了。或許還有可能做出一些改善，但已不再能恢復原貌了。

除此之外，我們還有另一個責任：創造出更好的下一代人類。唯有我們真的在乎今天的自己，才能完成這個任務。由於記憶是以各種不同方式在傳遞著，因此我們要做的，就是先對自己負責，以此來支持下一代。

只以一本書的記憶來生活時，你是虔敬的；以好幾本書的記憶來生活時，你是知性的。當你以幾代人類的記憶來生活時，你會成為一個真正慈悲的人；而**當你超越人類的世代記憶時，你就成了神祕家（mystic）**。

那些跟我們擁有共同基因的人，比其他人更容易吸收我們死後遺留的東西。然而，瑜伽的科學會將你提升到一個境地，好讓遺傳記憶對你不會造成影響。這時，你將成為世人眼中的見者（seer）——一個洞察未來的人。隨著瑜伽練習的深入，你會發現你的印記不再受到種姓、部族或群體的限制，現在你有能力影響幾乎任何人。身為一個世界公民，你的遺贈將真正成為全球性的。

◆身體記憶的甜蜜陷阱

在這個快速變化的世界中，忠誠的關係扮演著怎樣的角色？這種關係有多必要？忠誠是否已經失去了它的作用？或是與時代脫節了？

這些是我經常被問到的問題。

雖然這些看來更像是社會學的領域，但確實涉及到非常真實的業的問題。忠誠的伴侶關係與婚姻是一種社會協議，因此它們可能表面看起來只具有社會價值。然而，人類身體的記憶能力實在太強大了，而這種記憶對人類生活的影響也是重大的。

這不是道德說教，而是基於一個非常簡單的道理：你的身體充滿了記憶，關於身體的所有一切，從形狀、顏色，到它的質地和大小，全都是程式設定的結果。這就是為什麼你身上有曾祖母的關節炎膝蓋，而且發現要戒除你猴子祖先的習性很難（別忘了，人類跟黑猩猩的DNA有九八·六%相同）。

身體記憶的運作，涵蓋了我們前面討論過的所有層面，但這種記憶有一個非常重要的層面是**生理性**的（有別於心理和能量）。身體這種生理記憶的梵文是runanubandha，也就是你內在攜帶的身體記憶。正如我們之前看到的，這是血緣關係的結果，但更重要的是，它也是性關係的結果。

每當有肌膚之親時——尤其是與性有關的親密接觸，身體就會留下深刻的記憶。因此，在任何社會中，忠誠的伴侶關係都是建立在深厚的智慧基礎之上的。邏輯很簡單：由於在任何的生理接觸中都會有大量的記憶交換，如果你用過多的生理印象來混淆原本的身體記憶，你的系統就會變得混亂。一旦記憶系統變複雜，要穩定你的人生就要花更多精力。

要強調的重點是，問題不在於身體記憶，它是生命不可或缺的一環。比方說，要是夫妻之間沒有身體記憶，下一代就無法延續；要是母親和孩子之間沒有身體記憶，孩子就存活不了。然而，唯一的問題是，如何讓身體記憶扶助你，而不是糾纏你；簡而言之，就是如何確保這樣的鏈結不會變成束縛。

對於所有走在靈性道路的人來說，簡化身體記憶尤其重要，因為探求者的終極目標是超越物質性。如果懷抱著這樣的意圖，最明智的做法就是讓身體一直維持簡單的運作，沒有充塞過多記憶的累贅，因為唯有身體記憶保持在最低限度，靈性才會開始展現。

身體記憶有許多可能的影響。性行為會在人與人之間創造出最多的身體記憶，在這種交流中，由於女性身體的接受度更強，所以會比男性記錄下更深刻的親密關係。當女性懷孕後，這個記憶的很大一部分就會下載到後代身上。這就解釋了一個常見的現象：當女人懷孕後，另一半在她生命中的份量往往會變得大不如前。這是因為一種深刻的記憶（遺傳記憶和身體記憶）正在轉移至將被創造出來的新生命身上。女性先前對伴侶的接受力已被她的新角色取代了，而這個新角色就是將身體記憶傳遞給她的孩子。

女性往往也會注意到，當她們懷孕後，以往對父母和重要的人那種強烈的情感會開始減弱；而在其他的人際關係上，她們情感依附的程度往往也開始下降。這是大自然的系統在發揮作用，因為新生命（胎兒）有不同的遺傳物質，如果母親的身體擁有過多來自血統的記憶，就無法那麼有效地讓胎兒安住在身體裡面；如果有過多的記憶爭搶地盤，身體內部就會不得安寧。

正如我們所見，梵文 kula vedana（集體的痛苦）意味著整個宗族的記憶貫穿於你。你的身體承載著來自宗族深層的集體痛苦記憶，因而會有某種行為傾向。如果你用更多的身體記憶將你的系統變複雜，那麼痛苦將是巨大的。

頭腦的記憶和身體的記憶，有一個基本的不同點：當頭腦遇到記憶時，會行使一定程度的分辨力，而身體只會毫不分辨地接收。以食物為例，你的頭腦可以分辨某種東西有沒有營養，但身體只能品嘗，結果不是生病就是得到滋養。身體關係也是如此，頭腦會對伴侶有一定程度的分辨力，但身體卻只能接收。

然而，跟頭腦不同的是，身體擁有**感知能力**。頭腦可以計算、盤算、處理、評估，但它不是感知工具，頭腦只是單純解讀身體感知到的東西。提高身體的感知能力，就是瑜伽的核心宗旨。當硬碟滿了，你就無法再收錄更多的記憶，因為記憶已經飽和了；反之，當身體沒有被記憶塞得亂七八糟時，就是一個絕佳的工具。如果你透過瑜伽去簡化並減少身體記憶的儲存量，身體就可以變成一個強大的感知工具。

比方說，如果有一盤食物擺在我面前，我只要把手放在上方，就知道食物吃下肚後會如何。我會根據當天要做的事——是啟引一群人進入克里亞的修練，或是打一場高爾夫球——來決定要不要吃這些食物。我們可以把身體的感知能力培養成如利刃般敏銳，不過要培養這樣的辨識力，記憶對身體的影響就必須降到最小。

當瑜伽士要找一個練習地點時，會在選定的地方四處走走，感覺一下該空間，然後再從中選出某個特定地點。瑜伽士的身體就是這麼敏銳，可以辨識哪個地點更適合靈性練習。

他們的選擇與個人好惡無關。有些受新時代（New Age）思潮影響的人，談到「正能量」和「負能量」時，總是有些含糊不清。他們會說：「我不喜歡那個人或那個地方給我的感覺。」但其實不知道自己在說什麼。這通常只意味著他們個人的好惡，也代表他們還沒有超越個人好惡。對瑜伽士來說，身體的辨識力與個人的吸引或排斥、渴望或退縮、喜好或厭惡都無關。瑜伽士的身體就如同晴雨表一樣科學和客觀——它不評斷，只是感知。

回到男女關係的問題上，那麼這是否意味忠誠的關係是天性呢？**天性**不是一個恰當的用語，但我們可以深入去了解天性是什麼意思。你可以這麼想：天性運作在許多層面，其中一個層面是純粹生理的。如果你的行事完全依照生理上的要求，你可能會想把任何人都當成伴侶。但天性還有其他的維度存在你之內，如果你進入另一個維度，感情上的親密就變得很重要，此時如果你全心全意地愛著某個人，那麼一夫一妻制的關係就沒問題。

如果你進入的是一個更深層次的維度，你甚至連碰都不想碰任何一個人；你只想一個人待著。這是因為你體會到，身體就是一個完整的生命進程，不需要另一個身體來支撐。你不想把其他身體牽扯進來而干擾到這個單純的進程，你想要保持身體的原樣。因此，在你之內存在著許多不同層次的天性，端視你是活在哪一個層次。

世界各地的苦行傳統，都是為了達到更深層次的天性所做的嘗試。性是建立記憶的重要方式，那些堅持苦行禁欲的人，不是因為反對性或反對快樂，而是不想在自己的系統中增添任何新記憶。這具身體所記得的東西已經太多了。他們知道自己需要解決的舊業相當多，而這是一輩子的功課。

沒有卸下身體記憶，身體就會受到強迫性的折磨，而很多人都已經覺知到了這一點。你可以下定決心戒除某個東西或早睡早起，甚至有一段時間你確實做到了，但這只是初期階段。僅僅靠心理上的決心，無法根除身體的記憶。要把身體記憶從你的系統中移除，需要時間和努力。

你可以預見這會有多麼困難。有這麼多的觸發因子：對菸草的記憶可以誘發身體朝一個方向移動；酒精的味道會讓身體向另一邊移動；食物的香氣讓身體往一邊移動；而性的記憶又把身體移往另一個方向。

然而，一旦這些記憶都減少了，人生就非常簡單了。這個時候，你想安安靜靜地坐著，身體很輕鬆就能辦到。現在，人生以最好的方式展開了。帶著未經審視的累積，身體可以變成人間地獄；相反的，一旦這個容器清出了相當的空間，一旦系統中有一定程度的輕鬆，這個身體的感知力就變得非常敏銳。

靈性練習

想檢驗自己的身體記憶，可以試著在一個陌生的環境中，獨自坐在陌生的家具上，然後仔細觀察自己。你的身體舒服嗎？感到不自在嗎？身體會想去其他地方嗎？你可能已經注意到，年紀較大的人往往會有自己偏愛的一張扶手椅；在許多家庭裡，每個人都有偏好的餐桌座位，這有時是因為方便或習慣，但往往都是身體記憶在起作用。

你儲存的身體記憶越多，可以確定的一點是，在靈性演化的階梯上你是倒退的。業為你設定了一個邊界，但當這個邊界變得太舒適，就是你該警覺的時候了。同一張椅子或同一個房間或許會讓你保有身體的隱私，但如果你發現自己捍衛它的心越來越強，或是你越來越容易為此心煩意亂，就像你的身分完全依賴它一樣，這個時候就該開始撼動你的業了。

許多靈性傳統為探求者提供道場的原因，是為了讓他們能夠生活在一個限定的地方，免於被身體記憶所影響。遺憾的是，有時這種做法會造成一組新邊界和新領地。即便如此，其目的始終都是為了讓探求者擴大視野，而不是縮小視野。

在外面的世界中，探求者的身體記憶往往會不斷地把他們拉往某一類人、某個地方或某種情境。而「地戒」（kshetra sanyas ）這個梵文術語，指的是發誓絕不離開某個聖化過的地理空間，這是讓探求者可以從身體記憶的強大觸爪中脫身的一種方式。

第四章

龐大的業庫

第四經：無論有多深奧，凡是來自記憶的，都會招致業的束縛。

◆業的分類

在前一章中，我們談到身體記憶的八個膜層：前四個膜層屬於共業，後四個膜層屬於不共業。

現在，瑜伽系統將帶領我們更深入地探討不共業。如果你發現接下來的分類讓自己吃不消，不要灰心。身為一個讀者，你**不必**記住這些分類也可以解讀業。雖然省略這些分類，勢必會讓一本談業的書讀起來更輕鬆愉快；但我把它們收錄進來，目的是為了揭示古代瑜伽士和聖者在思想上所擁有的、不可思議的精準和縝密。就算你只是簡單地把這些分類看過一遍，沒有試著去記下來，你也會對這個主題有更深入更豐富的理解。業的運作非常複雜，但分類卻很簡單。

讓我們來看看業的四個基本分類。

每個人的背後都有一個龐大的業庫——累積的記憶總和，梵文稱為 sanchita，為了方便起見，我們直接稱它為**累業**（accumulated karma）。累業好比是一間龐大的倉庫，裡面包含了所有八種類型的記憶：元素記憶、原子記憶、演化記憶、遺傳記憶、個人業的記憶、感官記憶、有表的記憶，以及無表的記憶。

我們每時每刻都攜帶著這些巨量的信息，份量多寡會因人而異，但每個人都繼承了數量驚人的業。

在這個儲存記憶的龐大倉庫中，有一個重要的維度稱為**分業**（Allotted Karma），而分業又包括兩方面，在此我們稱之為「現在行業」（Actionable Karma in the Present）以及「未來行業」（Actionable Karma in the Future）。

接下來，我們就來看看這些專有名稱的意思為何。

從累業的大倉庫中，一部分的記憶成熟後會顯露在前，需要立即引起關注，這就是**分業**。每個人都會有一定份量的業必須在這一世處理，印度傳統稱之為 prarabdha karma，而其餘的業則繼續潛伏在累積記憶的龐大倉庫中等待成熟。

因此，你的這一生就是特定份量的業在開演。分業的性質因人而異，因此每個人生命能量的運作都不一樣：有不同比例的能量用於身體活動；有不同比例的能量用於思維邏輯活動；有不同比例的能量用於情感活動；有不同比例的能量用於能量活動，以及有不同比例的能量用於冥想或維持內在的平靜。

分業的性質，其實在幼年時就能看出來。父母可以在兩個孩子身上清楚看見這點：一個孩子可能生性好動，另一個孩子可能比較文靜。這些差異，有時甚至在醫院產科嬰兒室的新生兒身上也隱約可見。然後，因為成長環境的不同——所吃的食物、所發展出來的心態——孩子們之間的差異就越來越大了。但非常早期的差異，則是由每個孩子的分業所決定的。

所有的靈性進程，基本上都是在挖掘累業的倉庫。修行者是分秒必爭的人，他們想盡可能挖出更多的業來消解掉，而不是等待每批分業按照各自的時間成熟。這就是為什麼，靈性練習有如此大的一部分是以行動為導向。如果可以的話，靈性探求者更想在一生中把十輩子的分業都處理乾淨。此外，靈性旅程也教導他們避免累積新的業，並限制分業的果報，令其不至過度。透過這種方式，他們以極快的速度解決了大量的業。

當一個人清空分業後，會有什麼感覺？通常他的生活會變得更放鬆，無意識的反應會減少，行事比較不衝動；無論是對人、對地方、對食物、對工作或對政治，強烈的好惡都會開始減弱；舒適圈變得沒有那麼重要。一開始，你可能發現自己想要放慢腳步，安安靜靜地生活；接著你會選擇再次走入這個世界，但這次是以具有覺知的美好方式。現在，你的人生充滿了選擇。

我們現在來到分業的**現在行業**（kriyamana karma）層面。這種業迫使我們產生向外的行為，我們抗拒不了它的力量。人的內在有許多衝動和傾向，但並不是所有的衝動和傾向都會迫使我們產生外在的行為。然而，每個人身上還有一種業，必須以外在行為來解決，而其餘的業可於內在處理。你如何處理現在行業很重要，因為它會造成未來的後果。

當某個觸因驅迫你產生行為時，你是多有意識地在做那個行為，就變得很重要。如果你的行為是無意識的，那這樣的無意識就會產生大量的業，而這也就是業自我延續的方式。

以總人口數為例。當兩個人行動起來時，後果就產生了。一個男人和一個女人的結合可能會孕育新生命，這就是行為在身體產生後果的一個簡單例子。然而，後果也可以發生在許多不同的層面上，包括想法、情感、意念、觀點和行為上。

這就是善業這種觀念的重要之處。你可以透過當下做對的事，來改變你的未來；不需要任何練習、也不需要提升意識，你就可以轉化自己的未來。今天你做出對的行為，你的未來絕對會往正面的方向走。

然而，如果你有了冥想品質，內心變得更平靜，就會再進一步。這就是為什麼每個靈性傳統都鼓勵人們靜坐冥想。當你有了冥想品質時，你不只是造正面的業，而是**完全停止業的滋生**。在所有的靈性傳統中，成為一個苦行者就意味著：不再製造業果。

舉一個我個人的例子。身為一位古魯，在帶領靈性課程時，我是處於一個特定的模式。如果我用喜悅和包容的淚水，去擁抱面前的每一個人，就不會滋生出任何業果。相反的，如果我只是對某些熟識的人這麼做，那麼同樣的擁抱就會產生後果。這是因為包容一切的擁抱，其本身**沒有業質**，而是一個完全具有意識的行為。

這就是為什麼在課程中，我從來不會把注意力放在熟悉的臉孔上。如果我選擇與他人的目光相遇，我總會選一個完全不認識的對象。一旦你把注意力放在某個認識的人身上，並跟對方講話，這就有可能變成一個糾纏的過程，然後它便會滋長後果，影響對方、影響我，也影響整個局面。

然而，如果我正在開發一個計畫，當然就會跟一群親近的人交談。我知道這不會對他們產生任何糾纏的後果，因為我們正在推進的計畫不是為了他們，也不是為了我，而是為了一個更大的願景。這不是糾纏，因為這是包容一切的投入，其中沒有任何的選擇性。

我們可以換個角度來看，如果你的行為是出於記憶，毫無疑問地會造業。這就是為什麼我們總是說，人類所有的行為只有兩種：會消業（karma-nashana）的行為，以及會造業（karma-vriddhi）的行為。身為一位古魯，我的職責便是傳授能促進前者的技術。

因此，你如何處理「現在行業」非常重要。如果沒有意識到它，可能會以為自己的行為是靈性的，但也許你只是在加速陷入糾纏之中。

用現代的術語來說，你可以把無意識頭腦視為累業，把潛意識頭腦（subconscious mind）視為分業，而把意識頭腦（conscious mind）視為現在行業。這雖然不完全正確，但大體來說，這是一個可以讓我們理解其中差異的有用方法。

現在，我們再來看看分業的另一個層面——**未來行業**（agami karma）。你今天無意識的行為（包括想法、情緒及行動）所導致的後果，將迫使你產生明天、一年後或甚至是下一輩子的行為。換言之，無論你怎麼做，命運總會把你逼到一個地步，使得你**不得不**產生行為。

比方說，如果你跟銀行借錢或者抵押貸款，你明天的業就是由今天的行為決定的。同樣的，如果你有一個孩子，你就是在承擔一個至少二十年的計畫，你得想辦法供養孩子，送他去學校，供他讀完大學，確保他可以自力更生。你明天做什麼或不做什麼，並不是一時心血來潮的決定。一個簡單的行為，後果卻可能茲事體大。

造成人類強迫性行為不斷循環下去的，就是未來行業，而這也導致印度靈性傳統所認為的生死輪迴。它迫使人類一次次地不斷回到具有肉身的狀態，以解決自己繼承的業。

如果你覺得來世的觀念難以接受，別在這個階段為它困擾，反正它也不是了解業的必要條件。對真正的瑜伽士來說，**只有一個生命**。昨天你可能打扮成一個樣子，今天你可以是另一個樣子！不管怎樣，生命並沒有改變。

如果你有意識地處理「現在行業」，就不會滋長任何強迫性的「未來行業」。這就是處理記憶的關鍵。我要強調的是，銀行借貸、抵押貸款、家庭負擔，這些都不是問題所在。確實，你業的記憶越是複雜，人生就會越豐富有趣，但我們的目標是享受生命的過程，而不是被它困住，因此消除各種**無意識的業**才是重點。你可不想累積任何業，逼得你在未來被迫行動。

延續前面的例子，在帶領瑜伽課程時，我會包容地、不加選擇地擁抱每個人。我不會選擇偏向某人，如果我是有選擇性的，靈性傳授的效果就沒有那麼好。正是我不加選擇、一視同仁的行為，才讓它的影響力這麼強大。

業的陷阱總是藏在**選擇**之中。選擇是人類偉大的天賦，而自由是人類偉大的可能性。然而，大多數的人在選擇時無法包容一切，而是有選擇性地去挑選。大部分人的選擇，是基於強制性的喜歡或不喜歡、吸引或排斥。但是，當你的參與是**絕對**的，也就是包容一切的時候，你不是根據過去的記憶行事，這意味著裡面沒有強迫性、沒有後果、沒有糾纏、沒有選擇、沒有朋友、沒有敵人。當你像這樣去展現你的「現在行業」時，就不會滋長任何的未來行業。

另一方面，如果你是基於**過去的記憶**而選擇性地參與其中，後果就會如影隨形地跟著你。於是，你就是在滋長更多的記憶，無論那是身體上的、情感上的或思想上的記憶。你就是在製造那種驅迫你在日後產生行為的業。

一旦了解業的機制如何運作，你就知道了**投入**（involvement）和**糾纏**（entanglement）的基本差異。多數人不明白的事實是，完全投入而不被糾纏，是有可能的。

比方說，無論遇到的是陌生人或熟人，我的內在都一樣。我會完全投入，說的話或行為可能不同，但內在依然一樣。儘管我的行為或談話與當時的情境或個人有關，但我的「存在」方式沒有改變。這樣就不會滋生業。

當你是有選擇性的投入時，就會掉進糾纏的陷阱。這裡的核心問題是：選擇性的投入會導致受苦和造業，而出離會導致了無生氣。

但投入不一定來自於記憶，投入可以是有意識的。對大多數人來說，投入是出自於記憶，而且是強迫性的。一旦有記憶介入，行為就帶有奴役性。然而，在沒有記憶的情況下，你可以有意識地運作。當你的行為沒有被過去的印記所汙染時，你的行為就具有解脫的力量。

◆從存在到行動到擁有

人類的公式始終就該像這樣：從**存在**（being）到**行動**（doing），再到**擁有**（having）。這意味著，我們從來就不應該透過行動來追求**圓滿**。圓滿被視為一種內在狀態，無法向外求得。我們行動是**為了表達自己的圓滿，而不是取得它**；我們行動是**為了慶祝內在的圓滿，而不是追求它**。

然而，對大多數的人來說，這道簡單的公式是反過來的。

多數的人是為了「存在」而「行動」。他們行動，是因為覺得自己不完整；他們的行動是被欲望所驅動，為的是求得某個東西，或者以某種方式來提升自己的身分。這是遠古狩獵採集生活的衝動，至今仍留存在人類身上，這採取行動的需要是為了滿足**累積的需求**——無論是身體上的、情感上的或智識上的滿足，這是被欲望所驅使的行動，好讓自己變得比現在更多更好。他們的「**行動**」是為了「**擁有**」，而他們的

「**擁有**」則是為了「**存在**」。

悲劇，於焉而生。

大多數人已經決定了自己想「擁有」什麼，因此他們的「行動」就免不了有所求。比方說，有人想出名，就進入電影圈或寫書；現在他們的身分就是電影明星或作家，他們認同於這個標籤，這也決定他們的「存在」。同樣的，有人想取得運動員、政治家或商人的地位，有人甚至自稱為高爾夫球手。我也打高爾夫球、寫書、騎摩托車，但我不是高爾夫球手、作家，也不是摩托車騎士！

我做這些不是為了求得一個身分。我做什麼，並不影響我是個什麼樣的人。我不會因為教授瑜伽而成為瑜伽士；讓我成為瑜伽士的，不是我的行動，而是我的「存在」方式。**「瑜伽士」描述的是我的內在狀態，不是我的外在行動**。

當你像這樣生活，你真正的面目總會以極微妙的方式展現於人，你真正的氣味總會被傳送出去。就算不明白是怎麼回事，但人們還是能感覺到我的行事是出於內在的自由。年輕人會來親近我，把我當作是他們的同齡人，甚至是親密的朋友，他們叫我「薩古魯」，但這不是一個生疏的尊稱，而是表達親暱熱情的一個稱呼。

要是我每次談話都在引經據典，這樣的友誼和熱情就不可能存在。經典意味著記憶，而記憶意味著階層，這種等級制度把某個事物變得神聖，而把另一個事物變得汙穢。我們認為神聖的，變成了權威，而來自權威的，則變成了我們的真理。矛盾的是，這種真理使得我們無法體驗到真正的真理！今天，我們已經走到權威變成是真理的地步，但只要轉而向內，我們就會了悟到真理才是唯一的權威！

無論有多深奧，凡是來自記憶的，都會招致業的束縛。**我並非來自於業，因此我不滋生業**。道理就是這麼簡單。我說的話，都是來自內在的體驗，來自一種**知**（knowing）的狀態，而不是來自先前獲得的知識。這即是本心（chitta），是「無內容」（content-less）的智慧。

同時讓人類又痛又愛的，就是記憶。為了獲得一個身分，你試圖去求取並凍結記憶；因此，你試圖以「行動」來獲得「存在」。然而，無論是你的身分或記憶，本質上都跟你無關。

想想看這點。

當你坐在咖啡廳裡喝著卡布奇諾時，你所享受的，只是你花四塊美元買來的咖啡，跟你銀行裡有沒有一百億元無關，而這筆巨款只存在你的記憶裡。你帶著記憶中的錢走來走去，這意味著你是過去的產物。如果你把未來建立在過去之上，那就跟死了沒兩樣！

這就是為什麼我們周圍的臉孔都一副死氣沉沉的樣子，畢竟墳墓❶是過去的居所！業也是如此。業是過去的居所，而你的未來行業會確保你的未來跟你的過去一模一樣。當你身上沒有新鮮事發生時，那就是「安息」的時候了！

◆身心疾病的肇因

多數人的分業有它自己的複雜度，其中很大一部分是用於身體活動，其他部分則分別用於思考、情緒和靜心冥想。現代生活的問題在於，大多數人的身體和情緒能量，終其一生都沒有充分表達。

文明社會的人，內在都帶著大量未抒發的情緒。如果情緒從未完全抒發出來，能量就會反過來對健康和幸福造成嚴重的傷害，這就是憂鬱症和心理疾病會在世界各地飆升的原因。據說在美國，一年當中，每五個人就有一個人患有某種心理疾病，而有五〇%的人一生中會罹患一種心理疾病。這個統計數字令人咋舌！

問題在於，文明社會把不加克制的情緒表達，視為軟弱或不夠成熟的表現。這種壓抑會對人類系統造成極大的混亂。我會說，世界上有高達九成的人從來都沒有充分表達過自己的情緒；他們害怕自己的愛、自己的歡喜、自己的悲傷，還有所有一切。大聲笑是問題，會被視為不文雅、不淑女；大聲哭也是問題，會被視為沒教養、不得體。我們為自己建立了一個極度拘謹的文化。

你的分業主要用於身體上的活動。即使在今天，身體仍然是多數人身分認同的主要根源，雖然比例因人而異，但有九五%的業是被導向外在行為的。

然而，由於人們不再像過去那樣使用身體，現代生活的活動量大幅降低。如果這些未使用的能量持續潛伏在體內，很容易就會引發疾病。正是這個原因，現代人的頭

❶譯註：這裡原文用的 grave 有雙重意思：當形容詞時，意思是嚴肅的，在此譯為暮氣沉沉；當名詞時，意思是墳墓。

腦正在經歷一種獨特的精神官能症。當你投入劇烈的體力勞動時，會把大量不安定的能量用掉。但是，現在人類變得如此不愛動，所以幾乎每個人都會因為某種焦慮或不安而苦惱，深究其原因，就只是身體能量被困住。相較之下，你會發現那些持續做高強度身體活動的人，往往處於一種與其他人不一樣的平衡和平靜中，而且更少會糾結於性或其他身體衝動，這是因為他們在身體層面得到了充分的表達。

活動不夠的後果就是生病。被困住的能量也會引起身體的不安和煩躁，而這就是現代人長期處於不安和焦躁狀態的原因。你會注意到，人們的坐姿和站姿透露出他們的不自在。他們的動作也許看得出一種經過練習的優雅，但不自在仍然存在。如果你把自己動作中的不自在拿掉，它會轉移到內在另一個讓它更能抒發的維度；換句話說，它會嵌入你的能量，時日一久，在這個能量層次上的焦躁不安就會顯現為疾病。

在 Isha 瑜伽中心，許多探求者被置於高強度活動的狀態下，以至於有人可能會好奇：「這些行於靈性道路的人，為什麼每天工作二十小時？」在大眾的認知中，靈性意味著某個人半睡半醒地坐在樹下，但真實遠非如此。Isha 瑜伽中心的高強度體能活動，是靈性旅程不可或缺的一部分；我要這些人在一定時間內，把他們的分業完全消融殆盡。沒有你的思想、情緒及能量的投入，就不可能進行體力活動。當然，同樣的活動，投入程度未必一樣。那些只是為了生計而工作的人，常常感到壓抑及窒息。然而，當你在每個層次上都高度投入後，你會發現活動讓你精力充沛，並不會耗盡你的力氣。

一旦你把業消融殆盡，強迫性的行動就不再需要了，從此以後，行動都是透過選擇的。當一個人的分業被解決掉之後，你可以讓那人只是靜靜地坐著，他的身體就會毫不費力地順從，沒有任何掙扎。

在更高階的 Isha 課程中，我們的學員在經過大量挑戰身體極限的活動後，就能輕易地坐著不動。這個時候，冥想會自然發生。如果分配給身體活動的能量仍然留在系統中沒有被用掉，你就無法冥想，因為那些沒消耗掉的能量會讓你侷促不安，渾身不自在。

生病當然還有其他原因。包括環境因素及業的因素都扮演一定的角色，而後者又包括遺傳因素及個人的業因，以上這些就是能量以某種方式起作用而導致疾病的原因。然而，許多人會生病，是因為沒有明智地處理好自己的分業。

在當今世界，心理能量被廣泛使用，但心理能量的過度使用會導致失衡及疾病不斷出現。試想一個國家的預算：一定數額的經費被分配給教育、工業，還有一定的比例要撥給農業、開發及國防等等。如果所有這些經費都沒有花掉，這個國家的經濟就慘了。身體也是如此。

那些活過完整人生的人，當他們年老時往往會達到某種平靜及平衡的自然狀態。當分業開始鬆開後，你可能會注意到這些年長者的變化：睡眠時數減少，而且睡覺時會睡得很沉。這可能是分業即將終結的一個徵兆。這時巨大的業庫還在，但這一期的分業已經快到盡頭了。

小提醒：深度睡眠不一定代表分業將盡，但對年長者來說，這可能是分業將盡的跡象之一。當一期的分業結束後，內在的混亂便會消退，新平靜和新平衡就會降臨。

有些練習有成的修行者可以進一步超越他們的分業。雖然這可能會讓他們散發出安適自若的氣質，但他們仍然沒能超越自己的累業，只是從零售商店進展到倉庫，他們身上還有大量庫存的業。

對靈性探求者來說，分業好比是牛奶上面的奶油，是這一世浮現出來的業；如果你煮牛奶煮得好，奶油會出現更多。因此，靈性進程就像是把自己好好煮一煮一樣，在這一世盡可能從業庫中提出更多的業，並在你有意識和身強體健時去處理它。

每一個尋求自由的探求者，其目標都一樣：現在就處理好自己的業，而不是等著生命把它往你身上扔。

靈性練習

如果你承受著很沉重的情緒壓力，有一個簡單的練習可以做：讓脊椎保持挺直的姿勢，尤其腰椎更需要放鬆和伸展，以便活化脊椎。如果你能夠蹲下一段時間，也特別有助益，因為脊椎的伸展對心理健康有深遠的影響。

蹲下時，雙腳併攏，此時會產生一股自然上升的能量，但做得到這點的人並不多。因此，次好的選擇是，蹲下時把雙腳打開，雙腳與肩膀齊寬，並確保雙腳牢牢地踩實在地板上。

這不只是運動。脊椎並不只是一整排骨頭的集合，還是人體系統中通訊和感知的基礎。保持脊椎的最佳狀態，不僅可以讓身體恢復活力及回春，還可以讓你的精神、情感生活及身體的運作方式發生顯著的變化。

有一個更全面的七步練習，稱為瑜伽合十禮（Yoga Namaskar），讀者可以在薩古魯的應用程式（https://isha.sadhguru.org/app/）中免費觀看。

這是一個強大的練習，可以活化並強化脊椎和脊椎兩側的肌肉，因此在年齡增長後，脊椎系統不會塌陷，神經也不會受到擠壓。如果已經有脊髓損傷，這也是一個修復脊椎和促進全身健康的好方法。同時，這也是疏通人體系統中情緒障礙的一個更科學的方法，有助於達到我們所謂的「讓心念波動趨於平靜」（chitta vritti nirodha）的狀態。

第五章

一切從何開始？

第五經：純粹的智慧自己創造出記憶，而其餘的創造將記憶投射為智慧。

◆智慧創造記憶

那麼，這種自我延續的循環是如何開始的？我們是如何受奴役於一個由我們自己開啟的記憶循環？而最初是怎麼開始的？

先來看看以下這個故事：

有一天，俄羅斯的一名工廠督導到工廠巡視。他挑了一個工人問話：「如果你喝了一杯伏特加，你覺得自己還能工作嗎？」

工人搔搔腦袋：「我想可以吧。」

督導接著問：「如果喝了兩杯伏特加，你還能工作嗎？」

工人想了想，聳聳肩說：「我覺得我可以。」

督導繼續問：「要是喝了五杯伏特加，你還能工作嗎？」

工人回答：「嘿，我人不就在這兒嗎？」

這就是業。

你已經喝下一百萬杯的伏特加了！現在，只不過是你的祖先們在透過你活著，重複上演老掉牙的人生劇場——有同樣的演出暗號、同樣的觸發事件、同樣的反應，重複來又重複去。在這當中，你在哪裡？

業對你的危害，就像五杯伏特加下肚一樣。在這種狀態下，你需要處理的事越多，你就越受苦。即便這事能帶來經濟和社會上的成功，你還是會受苦。為什麼？因為就像酒駕一樣，你在「業的影響下開車」❶也一樣會遭罪。

你可能會問：「這種重複循環有什麼意義？」對追求自由的人類來說，這是一個很自然的問題。如果你想擺脫外界的影響，如果你不想讓早已作古的曾祖父或母親還來挑動你的情緒，你可能會想知道如何走出這個循環。

這就引出了下面這些問題：為什麼有業？開始這個循環的是誰？記憶的起源是什麼？它的源頭是什麼？這整齣戲是如何開始的？

世界上許多創世神話，都試圖以各種方式來回答這些問題。瑜伽的創世故事，則是以如詩的意象來表達一個科學真理。

這個故事告訴我們，它始於一個無垠的虛空界，這是一個完全沒有記憶的維度。它是純粹的智慧，沒有形相、沒有形狀、沒有大小，也沒有顏色；事實上，它什麼也不是，但它是確實存在的。這就是所謂的「希—瓦」（Shi-va，意思是非有），這是

❶譯註：原文「driving under the influence!」原指在酒精或毒品的影響下開車，也就是所謂的酒駕或毒駕，由於業對人的影響不下於酒精或毒品，所以這裡相當於「業駕」。

創造的基礎。

形相（form）的誕生——即使是波或粒子——都需要記憶。你並非無中生有的產物，你的出生是根據父母的模板。這意味著，記憶或業是形相的一個先決條件。

那麼，第一個形相又是怎麼來的？沒有記憶，它如何顯化為物質？

瑜伽文化把某個觀念擬人化，加入劇情，然後把它變成故事。通過故事的模式，它便能夠去談論超出邏輯範疇的維度。於是，它把無垠的虛空擬人化，也就是把非物（Shi-va）變成了濕婆（Shiva），天神濕婆就成了一切創造的起源。故事於焉展開。

話說創造之神濕婆正處於他最初始的狀態中，沒有任何業。然後，有種動能進入這個虛空，也就是夏克提（Shakti）——虛空的動力面。

夏克提走近濕婆，並開始挑逗他。人類將這第一個業想像為一個交合的行為。因此，當夏克提撩撥濕婆時，他大吼地醒過來，顯化為一個靈伽（linga）的形相，也就是一個初始的橢圓體。瑜伽的傳說告訴我們，這就是一切創造的第一個形相，而那個交合開啟了宇宙的創造。濕婆和夏克提的初始交合，將「空」引爆為「成」（創造）、「住」（持續）及「壞」（破壞）的動態。

因此，宇宙這個超級大劇場就誕生了：時間和空間、名稱和形相、出生和死亡。逐漸的，形相開始生出更多的形相，記憶開始繁衍出更多的記憶。業的循環就被啟動了。

我認識的一些物理學家都同意，宇宙起源的大爆炸極可能是一系列的爆炸。如果你把一輛汽車的歧管（manifold）拿掉後發動引擎，聲音聽起來就像是連續的爆炸；如果你去踩油門，引擎便會轟鳴大響。因此，連續密集的爆炸聲，事實上會變成一聲大吼。所以現代科學所說的宇宙大爆炸和瑜伽傳說的大吼（Big Roar），並沒有太大的不同！物理學家也說，創世的第一個形狀是橢圓體，這也強化了瑜伽向來視靈伽形狀為神聖的這種觀點。

有趣的是，今天的科學實驗顯示，如果你在一個真空室外創造一個能量模式，虛質子（virtual proton）和虛中子（virtual neutrons）就會開始出現。簡單來說，就是從「無」生「有」。

形相的出現，就像我們所說的，記憶是一個先決條件。例如，正是元素記憶、原子記憶和演化記憶，讓蛇和樹之間出現了差異。因此，為了產生第一個形相，**智慧就發明了記憶**。這意味著，創世的第一個行為標示著記憶的誕生及業的誕生。難怪身為天神的濕婆會被認為沒有父母、沒有祖先、沒有任何過去，也被稱為 swayambhu，意思是自生者。創造源頭和其餘的創造最主要的一個區別是：**創造的源頭是純粹的智慧，它自己創造出記憶，而其餘的創造將記憶投射為智慧**。

這是一個寓意豐富的重大差異。

亞當與夏娃的故事是另一個創世神話，同樣暗示著以記憶為基礎的知識之誕生，是人類墮落的開始。因為有了知識，亞當與夏娃就從天堂墮落了。而我們也可以這麼說，因為有知識，所以才有了陷阱。於是，人類從純淨的智慧步入到將自己投射為智慧的記憶，一路從智慧走向智力，從意識走向自我意識。

我們所謂的知識，指的是被凍結、累積的記憶。另一方面，覺知是一個動態的進程，是活的智慧而不是死的信息。亞當與夏娃沒有照料樹根，反而越來越迷戀果實；他們沒去滋養生命之樹，反而開始執著於最終產品的爽口多汁；他們開始取捨，取結果而捨過程，取終點而捨旅程，取業而捨瑜伽，取知識而捨知。他們是如此著迷於自己的行為所產生的結果，以至於開始把生命當成是達到目的的一種手段。

這是一種可悲的減化生命。一旦你想要凍結、抓住或操縱生命的咆哮大瀑布，你就與生命分離了。**一旦你與生命分離，你就製造了分化：分化出根、莖、果；分化出過去、現在及未來**。接著時間誕生了，於是束縛也開始了。

在東方，我們會把「人類的墮落」視為循環的誕生、業的開端。我們稱這種重複的循環為輪迴（samsara）。記憶的誕生，是形相及生死循環的開端。然而，在東方，我們並不認為這代表好或壞，因為從有限的角度來看事物時便會如此。

當週期性的時間誕生後，記憶就變得重要起來。質子、中子和電子在氫原子中的表現，不同於它們在氧原子中的表現。隨著原子記憶變得越來越複雜，我們給這些原子構造的名稱越來越多，但事實上，這些只是相同粒子的不同表現。從粒子到原子，從分子到阿米巴原蟲，從魚類到人類，差異固然很多，但本質上，這個過程意味著記憶複雜程度的增加。

看看宇宙萬物令人目眩神搖的多元性——這全要歸功於本初智慧創造記憶的本事！

◆真正的智慧與人工智慧

十三歲那年，我第一次看見計算機時，我感到非常不滿。我想知道為什麼自己要在數學課上飽受折磨，而老師只要諮詢這樣一個機器就有答案！我夢想有一天，我的科學課和其他科目，也可以有一台這樣的機器。

在當今世界中，記憶力好的人被認為是聰明的，他們輕鬆通過考試，而且常常拿高分，一路念到博士，然後成為知名的學者。這不難理解，因為他們清楚記住了學過的內容，而且懂得有效率地處理它。

在瑜伽傳統中，唯有觸及到本心——絲毫不受到記憶玷汙的智慧維度，才會被認為是開悟。在這之前，你也許博學多聞、善於治學，也許對於宇宙萬物知道得很多，但你對創造源頭一無所知，對在個人業之上的智慧維度也一無所知。

傳統上，在印度次大陸，智慧比知識更受珍視。人類的記憶力當然很有價值，那些能把《吠陀》（*Vedas*）倒背如流的人被視為大學者。然而，思想卻從來沒被賦予最高的重要性，這是因為它被視為記憶及智力的產物。這就是為什麼古魯比學者更重要。教育、出身和血統有社會性意義，但對存在卻沒有意義。人們看重的是這種深刻的、與生俱來的智慧，它是一種如實感知存在的能力，而不是我們認為存在是什麼或它應該是什麼。

在接下來的幾十年裡，人工智慧的崛起，將從根本上改變我們對智慧的看法，而我們對教育的觀念也會有根本上的改變。如果你正在尋找自我轉化的工具，那麼以記憶為基礎的教育系統就沒什麼用處。以記憶為基礎的智力是個很棒的工具，但它**只能教化你，無法轉化你**。

在人工智慧的時代，唯有能夠以超越記憶的智慧來運作的人，才能做出真正有價值的貢獻。人和機器的根本差異在於感知能力；感知能力是機器永遠無法擁有的。機器能夠累積數據、進行分析、採取行動（所有這些全是智力的功能），除此之外，幾乎再無其他功能。

人類是一部生物機器，而生物機器依然是機器。如果我們想以任何有意義的方式將自己與其他機器區分開來，而不僅僅是複製它們的功能，就必須賦予我們的感知更大的能力。為此，我們需要重新取得通往這沒有束縛、不帶偏見的智慧途徑，梵文叫它作 chitta（本心），亦即我們生命的基礎。

何謂本心？本心是最深層的心智，是覺知、生命力，以及超越智力、超越記憶、超越評判、超越業、超越所有區別的深刻智慧。它是存在本身的智慧，是**宇宙鮮活的心**。瑜伽傳統中有這樣一種說法：一旦你遠離業軟體的衝動，遠離你對自己智力的認同，你就有可能觸及到本心這個朗無雲遮的覺知。唯有觸及本心，自我轉化才有可能。

這就是為什麼，身為一個古魯，我從來不祝福別人夢想成真，因為夢想的基礎純粹是記憶，所以你的夢想只能是你所知的加大改良版！要是你的夢想成真了，這也沒什麼好大驚小怪的。我的祝福是願你夢想破碎，唯有如此，某些比記憶更棒的東西才會顯化在你的生命中。

我祝福你，願你做夢都想不到的事發生在你身上。

◆「業」是禁忌用語嗎？

我們已經看過業是如何開始的，接著我們會在本書第二部探討業可以如何終結。但是，我們需要回答一個關鍵問題：我們真的想要它終結嗎？記憶是負擔嗎？業是障礙嗎？輪迴是詛咒嗎？人生是苦的嗎？

完全不是。

我要毫不含糊地說：「業」**不是**你該忌諱的字。

隨著時間推移，某些宗教派別已經開始將人類視為本性不善、骯髒或有罪的。他們把人類的生命看作是詛咒而不是祝福，是一種需要被治癒、被救贖或被拯救的存在。

雖然對自由的渴望值得稱讚，但重要的是，我們絕對不要忘記以下這個事實：**業是人類生命的基礎**。業賦予你形體，給予你穩定的心理結構，並為你的生命提供基礎，沒有這個基礎，就沒有超越的可能性。只因為業的運作，你、你的身體和你的心才會結合在一起；沒有業，就沒有你的身和心，更沒有那個你所知道的「你」！

因此，事實上，業是一種天大的可能性。

每分每秒，印象都會透過五種感官如洪水般湧入你的系統，而每一個印象都會被記錄下來。這完全沒有問題。這些儲存的信息對你的生存非常有用，如果你把它們全部刪除，那麼就連生活中最簡單的方面，你也不知道怎麼處理。業就像膠水，把你跟這個身心機制黏在一起。如果你把自己所有的業全部洗掉，那麼你就會立刻離開你的身體！

你的軟體程式不是問題所在，唯有當它成為你人生的主宰時，它才會變成問題。業只是你自己的創造物，它既沒有善或惡，也沒有好或壞。當你透過記憶的三稜鏡（記憶的偏見）來看待它時，才會有美好或糟糕之分。業是你個體性的基礎，但它也是你偏見的基礎。

關於業的記憶，問題就在於**它已經黏上你了**。如果經過的所有一切都黏在這面鏡子上，那麼這就不是一面好鏡子。你的鏡子不能再為你顯現真實的生命，你的覺察力嚴重受到遮蔽。這個時候，業就成了限制。

當然，記憶也有許多值得一書的優點。記憶讓我們獨一無二；記憶讓每個人都變得與眾不同；記憶讓我們今天有隨處可見的生物多樣性，以及文化多元性；記憶讓這個世界變得豐富有趣。不可否認的，記憶是恩典，一個天大的恩典。

但問題在於，記憶不僅僅是膠水，它同時也是**界線**。它為你提供了形相和定義，但隨著時間的演進，形相變成了限制，定義變成了圍牆，你逐漸被自己求取而來的定義銬上鎖鏈，不得自由。你開開心心地慶祝這些定義——也許是家庭、宗族、部族、種姓、性別、宗教、文化、語言等，但時日一久，這些定義卻僵化為刻板的身分標記。在你意識到之前，你已經為自己打造了一座牢籠。無論圍欄是鍍金或鐵製的，牢籠終歸是牢籠。

可悲的是，你被**自己打造**的高牆所囚禁。這些高牆和柵欄，是你在無意識的狀態下建造的，而現在它不允許你逃脫。你是建造者，但現在你把自己囚禁在家裡。你的創造物原本是庇護所和身分的來源，現在卻變成一個盔甲外殼。是你自己作繭自縛，現在你已經無法自由飛翔。你成了自己的獄卒。

那麼，出路在哪裡呢？

本書的第二部將會探討各種你可以處理並解決業的方式，以回應人類對自由止不了的渴望。它提供你享受記憶、但不受記憶壓迫的方法；它提供你生活在這個世界的方法，而不會增加你已經負擔沉重的業包袱；它提供你機會，讓你得以在世界悠遊，卻不會被旅程磨得筋疲力盡。

你可以感受到微風吹拂在臉上、陽光親吻你的肌膚，但你不會沾惹到沒必要的塵垢，也不用受氣候變化的影響。下一章將賦予你踏上歸途的能力，向你展示一條自古以來至聖者都知道的道路：如何**處於**這個世界，但又**不屬於**這個世界。

這條道路提醒你：儘管業是你的束縛，但如果處理得當，業也可以是你解脫的墊腳石。

PART 2

給讀者的話

瑜伽——字面的意思為「合一」，本質上指的是一門轉化的科學。如果說本書的第一部關注的是業的建築模塊，那麼第二部就是聚焦於轉化業的技術上。在此，要介紹的是業瑜伽（karma yoga）的基礎知識，而所謂的業瑜伽，是將記憶轉化為選擇、將被動轉化為動力、將身分轉化為可能性、將夢遊轉化為覺醒的一門科學。

如我們在前面所見的，人類的制約深入身體、頭腦、能量三個層次；僅僅處理一個層次的業，例如心理或身體上的業，而不管其他層次，那麼成效就有限了。通往喜悅和自由的最快速、最有效的途徑，就是同時在身體、頭腦、能量的全部三個層次上處理業。

第一部探討了什麼是業，第二部則是為那些想知道如何處理業的人而寫的。其中包括如何除掉身體的制約，如何改寫由頭腦所創作的那些重複的、老套的人生故事，以及如何征服能量系統中無意識的阻礙和不受控制的波動，以便駕馭它的轉化潛能。

本書旨在對一些概念進行解密，但不是要否定它們的神祕性；旨在剝去沒有必要的詭祕，但不會將精深的真理過度簡化。因此，如果讀者對於能量章節中的部分討論開始覺得深奧難懂時，請不要因此而氣餒，不妨把它當作是對於瑜伽科學複雜、精深的一個提醒。當你越來越深入這門學問時，這樣的複雜度也就在你的掌握之中了。

業瑜伽有以下三種運作方式：它是一個工具，讓我們可以為自己製造善業；它提供一種方式，讓我們可以跟所繼承的壓迫性業拉開距離；它是一種方法，讓我們可以消融業，並且走向脫離輪迴的終極解脫。所有的這三種可能性，都可以為業瑜伽士（karma yogi）——致力於幸福鍊金術的行者——所運用。

第二部的內容會比第一部更務實，這也說明了在閱讀過程中，讀者會遇到許多靈性練習的小段落。然而，讓我在此重申：瑜伽是一個非常細微精深的系統，無法單靠文字傳授。它需要訓練有素的老師、受控的環境，以及學生本身有高度的紀律，三者缺一不可。因此，這本書的第二部絕對不可替代正式的瑜伽啟引。然而，這些內容確實能夠提供自我實驗的若干種可能性，甚至可以讓未經啟引的人由此踏上一條自由和探索的旅程。

第六章

業瑜伽

第六經：業的陷阱，在於失去對本我的覺知。獵人變成獵物、建築師變成抵債苦力、創造者變成受造物、蜘蛛被自己織的網絆住，這是悲劇。

◆跛腳狐狸和好心獅子的故事

有這麼一則故事：

某一天，有個人突然感到靈性飢渴。在那個時代，當你靈性飢渴時，就會去森林（當然，今天我們的周圍沒森林可去，這就難辨了）。

這個人走進樹林深處，找了一棵樹後，就在樹下盤腿而坐，開始吟誦神聖的唵（梵文 aum）音。

吟誦唵音也只能是一段時間；之後，腸胃有它自己的唵，而且開始周而復始地響起！每次肚子咕咕叫時，他就進城去吃飯，然後再回來繼續苦修。

一天他吃飯回來後，坐在一塊岩石上。正當他要繼續吟誦時，發現了一隻狐狸。

這隻狐狸失去了兩隻前肢，但仍然養得健健壯壯的。這個人感覺這點很奇怪，在弱肉強食的叢林中，居然會出現一隻殘疾卻健康的動物，確實很不尋常。這隻狐狸是怎麼活下來的呢？

這個人訝異地看著狐狸。過了一會兒，他繼續自己的練習。當晚靜坐時，他聽見獅子的吼聲，很快就忘記了念誦唵，手忙腳亂地爬到樹上。一頭獅子走了過來，口中叼著一大塊肉。令他吃驚的是，獅子走到跛腳狐狸的面前，把肉放下後就走了。狐狸開始大啖牠的晚餐。

這個人看得目瞪口呆。同樣的故事情節，日復一日地上演。這個人簡直不敢相信自己的眼睛：一隻跛腳狐狸被一頭好心的獅子養著！這是一個奇蹟！

「這肯定是來自神的訊息。」他想：「神要告訴我什麼呢？」他思來想去，突然靈光乍現。就連一隻在叢林裡的跛腳狐狸都有好心的獅子養著，那他為什麼要回到城裡去找吃的呢？神一定是要他相信自己的所需必會得到供應，希望他能夠專注在真正重要的事上，也就是專心修行。

於是，這個人改變自己的策略。接下來的三天，他一直不間斷地吟誦唵，幾乎身不離席。到了第四天，他的身體變得非常虛弱；第五天，他的神志幾乎無法保持清醒；第七天，他已經奄奄一息，陷入了瀕死前的痛苦中。

一個剛好路過的瑜伽士，聽見了動靜而發現了他：「你怎麼了？你怎麼會落到這地步？」

「因為來了一條神聖的信息，我服從了神的旨意，現在瞧瞧我的慘狀！」那人呻吟道。

「什麼神的旨意？」

於是，這個人把跛腳狐狸和好心獅子的故事全盤告訴了瑜伽士。「嗯，瑜伽士，你說，」他喘著氣問：「這是不是神的旨意？」

瑜伽士回答：「是的，這當然是神的旨意。但你為什麼不學學那頭好心的獅子，反而選擇去學那隻跛腳的狐狸呢？」

這正是我們對業的理解！

一直以來，我們都有一個選擇：包容性的行動或癱瘓的意向、明智的動力或可悲的宿命。為什麼我們總是選擇後者呢？

當我們說：「我們的人生是我們的業。」意思就是：我們的人生是自己造成的。這意味著多麼不可思議的自由！然而，我們卻用盡各種狡詐的方法來推卸責任。從我們為自己開脫責任的那一刻起，我們的人生就像是那隻跛腳的狐狸，而不是那頭好心的獅子。

在世界上大多數的文化中，人們都被告知是上帝決定他們的人生道路。因此，他們必須仰望上帝。但在東方，我們說：沒有什麼可以向上仰望的。在一個轉動中的圓形星球上，究竟哪裡是上方？你的業是自己創造的，無論你是有意或無意，在生命的每一刻你都在創造業。因此，業是一個**向內看**的邀請，而不是向上看。

一旦你明白，你必須為自己的人生負起百分之百的責任，你自然就會選擇有意識地生活，而不是無意識地生活。一個無意識的人生似乎很容易，因為除了依自己的模式和衝動生活之外，你什麼都不用**做**。然而，一個無意識的人生並不會如你所願地開展，而是由一時興起的衝動擺布。另一方面，一個有意識的人生將會以最好的可能方式為你展現。

多數人活在內心極度混亂的狀態下，因為他們相信上面有一個上帝，或者相信自己的人生要由周圍的人負責。然而，一旦你看到：「我回應的能力是無限的。」一切就沒問題了。你現在已經把創造的本源從天堂轉移到內在。現在，你是否有上天堂的確認機票，都不重要了。一旦你知道生命本源就在你之內搏動著，這些機票就變得毫無意義了！

業的重要性在於，你任何一種身分認同——不管是來自信念、意識形態、宗教或道德系統，沒有一個是絕對的，它們全都能不斷演化下去。

事實上，人類對彼此和對其他眾生的所有惡行中，天堂的觀念是最糟糕的，因為它假設最好的生命在別處，不在此時此地；而業意味著，**就在這一世**，你有能力做到最好，有能力成為最好的你。它暗示著一種朝向終極幸福的行動，意味著你**當下**就有能力處在天堂，你**當下**就有能力處於內在神性的懷抱裡。

那麼，你或許會問：如果業的意思是承擔全部責任，那麼恩典呢？神在我們生活中扮演什麼角色？業是對神的否定嗎？

不，不是這樣的。讓我們來好好研究一下。當我們使用「神」這個字時，我們的意思是什麼？

說到「神」，我們指的是創造的本源。

這個本源在哪裡呢？

就在你之內。

只因為你**是**生命，才有能力去探究生命的本源。

所以問題在於，你會滿足於只知道構成你物質身體的皮、肉、骨骼，還是會繼續去探求內在的創造本源呢？

如果你只知道肉身，你過的是一種生活；如果你還知道生命中心理和情感的維度，你會活得更深刻。然而，如果你觸及生命的本源，你就向恩典敞開了大門，你整個生命都會變得神聖。

◆獨自行走在路上

每個探求者都必須記住一件事：內在的旅程只能獨行。一旦領悟到這一點，就標示了靈性的誕生。對於那些習慣群居生活、習慣集體做出決定的人來說，有時這種領悟是令人害怕的。沒錯，外在世界中你可以有人同行，但內在的世界裡，每個人都是獨行者。

來看看以下的故事：

有個瑜伽士走在森林裡，突然遇到一名攔路打劫的強盜。這是一個搶劫殺人、惡名昭彰的強盜。

當強盜正準備對瑜伽士動手時，瑜伽士問他：「你為什麼要累積這些可怕的惡業？」

「我必須養家餬口。」強盜說：「我有妻子、孩子、年邁的父母要養，我非殺你不可。」

「如果你這樣做是為了他們，」瑜伽士說：「那麼也該是時候讓你看看，有沒有人願意承擔你造的業了，請回家去問問。把我綁在樹上，這樣我就逃不了。回家去，問問有誰願意承擔你造的業。」

於是，強盜回家了。他告訴家人：「我為你們每天殺人搶劫，你們願意分擔我造的業嗎？」

父親說：「門兒都沒有！我是你老爸，照顧我是你的事，至於你如何照顧我是你自己的業。」

他接著去問母親，母親也說同樣的話。他又去問妻子和孩子，他們也都這麼說：「照顧我們是你的責任，你怎麼照顧我們是你的問題。我們為什麼要分擔一個殺人犯的業？」

大夢初醒的強盜來到瑜伽士面前，匍匐在他的腳下：「你說對了。每個人都願意分享我業的獎賞，但沒有人願意分擔我的行為所帶來的不良後果。」

業無法民主地被分配。雖然存在著共業或家族因集體記憶而受苦，但也有每個人都必須自己去解決的分業，無論是以冥想或愛、以覺知或狂喜來解決都不重要。個人責任是存在的，而且不能逃避。

確實，分離性或個體性根本上就是一種迷思。然而，只要有人投入到這個迷思中，業的束縛就持續著；投入越多，業的束縛就越大。不過，在虔誠心強烈的時刻，當對個體性的投入程度低、個人的性格幾乎消融時，業的面紗就有可能被揭去。

據說，當耶穌、錫克教創始者古魯那奈克（Guru Nanak）、佛教大師和無數瑜伽士聖者住世時，只要碰觸到他們的衣衫，疾病即可痊癒。一位覺悟的大師確實可以讓一個人的業更快消散，在幾分鐘之內解決在百世之中發生的事情。因此，這些大師的存在可以為苦難者創造一個加速消業的機會。在某些罕見的情況下，大師還可能為另一個人擔業，但大部分的時候，一個人的分業再怎麼加速快進，還是得由自己去解決。

只要你還認為自己是一個分離的個體，就無法推卸責任。你的業是你自己的。

◆走出業網的唯一出路

如我們在前面看過的，瑜伽系統告訴我們，每一個人都是由肉身、心智身、能量身、以太身和極樂身這五身組成的。業主要留印在前三身，因此，如果把前三身處理好，那麼我們就可以走出業的迷宮，獲得非凡的自由。

許多人說著自由，卻不知他們正在自己業的迷宮中越陷越深。儘管有天賦的驚人智慧，他們卻忘記了如何從自己造的業網中脫身。

業的陷阱，在於失去對本我的覺知。獵人變成獵物、建築師變成抵債的苦力、創造者變成受造物、蜘蛛被自己織的網絆住，這是悲劇！

有這麼一個故事：

一個晴朗的午後，山卡拉・皮賴決定去釣魚。因為天氣炎熱，他帶著一箱啤酒。等著魚兒上鉤時，他開始喝啤酒。釣魚需要耐心，但多數人不懂如何等待。山卡拉・皮賴等著等著，啤酒喝了一罐又一罐，午後時光慢悠悠，烈日和啤酒讓他昏昏欲睡。

突然間，一條大魚咬住了魚餌，猛力拽著釣線。坐在河堤的山卡拉・皮賴昏昏沉沉中，身體一滑便跌進了水裡。

一個小男孩跟父親路過時，轉頭問父親說：「爸爸，你看！是人在釣魚，還是魚在釣人？」

看看你自己的人生，然後盡可能誠實地回答這個問題：是你在經營人生，還是人生在經營你？

為了自己的幸福，你追求了那麼多：房子、事業、車子、配偶、孩子，以及俱樂部會員資格。現在回頭想想：是你釣到了魚？還是魚釣到了你？

是時候停止裝聾作啞了。脫離業的蜘蛛網只有一條路，這是一條古老的旅程，從無覺知走到覺知，從衝動走到有意識。這是全世界最偉大的瑜伽士和神祕家都知道的旅程，也是把你帶回真正自己的旅程。

長久以來，瑜伽傳統對此有一個專門名稱：業瑜伽。

◆業瑜伽

究竟什麼是業瑜伽？

它是用業來解脫自己的一個進程。

業瑜伽的邏輯很簡單：你的每一個行動不外乎兩個作用：它可以是糾纏的進程，也可以是解脫的進程。如果你的行動被用於前者，這就是業；如果同樣的這個行動有助於你解脫，這就是業瑜伽。

然而，對於業瑜伽的誤解還是不少。許多人隨意地亂用或錯用這個詞，現在是時候把這許多扭曲人類認知的謬誤清除了，這些謬誤多年來造成的困惑多於明白，產生的熱多於光。

讓我們從第一個誤解開始。

許多人認為，業瑜伽意味著沒完沒了的行動，這並非事實。

業瑜伽不會要求你整日奔忙，也不會要求你一直處於「做者」（doer）的模式。相反的，業瑜伽指的是，從事那些可以讓你解脫、放你自由的活動，執行那些能讓你走向更高本性、走向自由的行動。

另一個關於業瑜伽的普遍假設是：業瑜伽等於社會服務，以及業瑜伽行者是不切實際的行善者。這又是另一個迷思。僅有服務，不是業瑜伽。業瑜伽跟你做的是哪種行為無關，而是跟你**如何**做有關。做善事也可能出於衝動性，而不是有意識的行為，這也會導致糾纏，而不是解脫。重要的是**如何**做，也就是說意圖才是關鍵。

如果行為產生的是束縛，那就是業；如果行為創造的是自由，那就是業瑜伽。如果你行動時痛苦不堪，它就是業；如果你行動時歡歡喜喜、毫不勉強，它就是業瑜伽。

看看以下這個故事：

一天，有三個人在工地上工作。一個路人過來問第一個人：「你在做什麼？」

這個人抬起頭說：「你瞎了嗎？你看不出來我正在切割石頭嗎？」

路人又去問第二個人同樣的問題。

「你以為呢？」第二個人咆哮道：「我正在努力謀生，我需要填飽肚子。」

最後路人去問了第三個人：「你在這裡做什麼？」

這個人歡喜地站起來說道：「我正在蓋一座莊嚴的廟宇！」

這三個人做的是同樣的工作。對第一個人來說，他的工作只是切割石頭；對第二個人來說，他的工作只是維持生計的手段；對第三個人來說，他的工作是一個機會，讓他可以創造出自己熱愛的美好事物。所以說，**如何**是個關鍵因素。

你人生的每一個行動，都可以像這樣。重要的不是你人生有什麼**看頭**，而是你**如**

何看待你的人生。因此，成為一個業瑜伽的行者，**不代表你現在必須放棄正在做的任何事**，而是意味著你要全身心地投入，而且在這個過程中，無論你去到哪裡，都有助於創造一個更喜樂的世界。

當今世界的問題在於，我們創造了僵化的是非觀念。一旦我們的內心充滿了等級觀念時，就不可能全心全意地投入任何行動。

我女兒十二歲時，有一天她心事重重地來找我。我只用一句話開導她：「誰都不仰望，誰也不看低。」奉行這個簡單的靈性練習，我們就會如實地看待每一件事情。如果你仰望某人，便會誇大他正面的品質；如果你看低某人，便會誇大他負面的品質。然而，如果你只是單純地看，不是為了尋找什麼，就只是看，你就會如其本貌地看待事情，這個時候，你在人生中的導航能力就大大提升了。

你是否曾經走在平坦的路面上，卻想著前面會有一個台階？正是這種預期心理讓你失去平衡！這個意思就如同生活在一個與現實無關的幻象中，即便是走在平地上，你還是會失去平衡！

在你說出某個東西是優或劣的當下，喜歡和討厭、吸引和排斥的整個機制就啟動了。然而，當你以一種內在的平衡來看待事物時，就會發現無論是經營公司或持家，你人生的各個層面都會得到提升。

這就引出了下一個關於業瑜伽的謬誤。業瑜伽通常被解讀為履行自己的義務，這也是錯誤的。這或許聽起來驚世駭俗，但容我這麼說：**這個世界不應該有義務這回**

事。義務是暴政，義務這觀念是那些既得利益者所編造出來的。

好好想想：關於義務的每一個想法，都來自於一個有所期待的人。統治者告訴你，你應當對他們盡什麼義務；而被統治者則說，統治者對他們有什麼義務。父母總在提醒孩子盡孝道的義務，孩子總在提醒父母盡親職的義務。丈夫要妻子記住妻子的義務，妻子要丈夫記住丈夫的義務。

沒有什麼比別人因為相信是他們的義務而幫你做事，更讓人難以忍受的了。這當中的偽善，讓人無法忍受。如果你太過「盡職盡責」，就可能被沉重的擔子壓死，而身邊的人則會無聊至死！如果你喜歡做某件事，那就去做；如果你不感興趣，最好就不要做。**做得不情不願或自以為是地去做，都不是對生命的貢獻**。當你做得如此痛苦時，會在周遭製造更多的痛苦。如果你可以做得開開心心，即便一天做二十四小時都要去做。如果你做不到這樣，那最好就別做。這個星球到處都是努力工作卻不開心的人，並在這個過程中，為自己和別人製造出更多的痛苦。

義務這個觀念，來自於我們為防止人性敗壞而建立的道德體系，這些都是後備的體系。做為一名靈性導師，我希望每個人的人性在生命的每一刻都是活躍的，而不是在一個模仿人性、實則虛有其表的後備系統上下功夫。

如果全球七十六億人突然都勤奮起來，不出二十年，地球就會毀滅！好在有五〇%的人是懶惰的，而拯救地球的，正是這五〇%的人！事情就是如此令人遺憾，應該是聰明和活躍的人在拯救地球，而不是反過來。但更令人遺憾的是，有太多信奉義務的人，可憐又可悲地用他們的忙個不停在毀滅世界。

業瑜伽並不是自命清高地恪盡義務，相反的，它是把你整個人生都變成是一種**奉獻**。唯有如此行事，業才不會造成束縛。這個世界到處都是想要在別人身上喚醒愛或靈性的人，而且他們往往還帶著自以為慈悲或高尚的嚴重執著。帶著這樣的執著，行為就有糾纏性。唯有帶著一種自然奉獻感的行為，業才可以提升行動者。

那麼，我們免不了要問：**如果義務無關緊要，這是否意味著你可以為所欲為？**

對，確實如此！

但這裡要給個警告：你做的任何事，都會有後果。如果你樂於承擔行為的後果，那就請便。但是，如果你在事情變糟時哭哭啼啼，最好調整一下自己的行為，行事前帶著一定的敏銳度和先見之明。

◆業瑜伽二法：覺知和捨離

擺脫業的方法有兩種：一種是帶著覺知行事，另一種是帶著完全的捨離行事。如果行事時能夠兩者兼具，你就解脫了。這是業瑜伽的兩種修法，若是兩者都沒有，那麼你做的任何事都是在累積業。

捨離是當今世界上最難找到的素質之一。人們的壓抑程度著實令人咋舌，而這也是我們在周遭看到的一些生理和心理疾病的原因。

我經常會問大家：你們之中有多少人在成長的家庭中，每天都能聽見父母笑上好幾回？為人父母的人在多數時候是嚴肅的，因為他們肩負著必須把孩子教好的這個可怕義務。

當許多人都在這樣的環境下長大，整天暴露在恐懼、焦慮和緊張之中，自然就會成長為壓抑的人。雖然沒有對孩子們明文規定，但他們很快就學會了這個潛規則：笑、哭、跳舞都是不得體的。事實上，他們所接收到的訊息是：**活著**是不對的！因此，長大成人後的他們認為，除了工作、領薪水、回家、生小孩、與孩子鬥來鬥去之外，其他一切都是不宜的。

不幸的是，這些壓抑反而讓人們無法安安靜靜地坐下來。沒有人意識到，只是安靜坐著才是人生最大的快樂之一！如果你能夠完全坐著不動，就會發現呼吸和活著是世上最神奇的事。我的行程很滿，但只要有機會把門關上，什麼都不做，那就是我人生中最美好的時光。我不需要閱讀，不需要看電視，不需要跟誰交流，甚至腦袋裡連一個念頭都不需要有。比起思想和情緒的想像，生命現象要壯觀多了。當你真正去體驗生命時，你的思想和情緒的世界就會開始顯得渺小及不足為道。活著，就是最棒的禮物。

哪怕只有片刻，只要你深深地擁抱宇宙創造，你距離宇宙創造的源頭就不遠了。這對你來說，是一個活生生的體驗。然而，目前你還沒有投入宇宙創造，你還沉醉在自己製造的、有限的創造中，而這只不過是一種心理投射。你所有的苦惱和緊張，全源自這個渺小的、一廂情願的假想世界。

那麼，我們應該如何生活呢？

這相當簡單。無論你是在走路或跳舞、工作或玩耍、烹飪或唱歌，都要帶著覺知、全神貫注地去做，否則就完全捨離。兩條路都會讓你與宇宙創造更接近。但如果你的生活中既沒有覺知也沒有捨離，就會被困在自己的創造裡，這是一種悲慘的生活方式。當生氣勃勃、壯闊絢麗的宇宙創造就在身邊時，你卻活在自己先入之見的繭裡，那是悲慘的。諷刺的是，就連這個繭也不完全是你自己織造的，而是由其他十個人對你的看法所塑造出來的！多數人甚至不知道**自己**是誰，卻對其餘一切品頭論足，而你正在允許別人的看法來主宰你存在的本質！

那麼，我們所說的覺知究竟是什麼？

首先，我們要謹記心理上的警覺不是覺知。覺知與邏輯思維無關，也不是一般所謂的正念（mindfulness）。覺知出自人類的最深層，被稱為本心或不具內容的意識。一旦觸及這個最深的層面，覺知就會毫不費力地發生。

看看以下這個故事：

兩名教士站在一面標示牌旁邊，牌子上寫著：「末路將至，當及時回頭。」

一輛車子飛速而來，駕駛者看見標示牌，探出頭來嚷嚷：「少煩了，你們這幫教棍。」然後繼續疾馳而去。

那車子一轉彎，教士就聽見輪胎尖銳刺耳的磨地聲，接著是巨大的撞擊聲。

其中一名教士轉頭對同伴說道：「也許我們的標示牌應該這麼寫：橋壞了。」

靈性的問題在於，錯誤的標示已經向你展示太久了。人們已經談太多心理上的覺知（mental awareness）了，沒有這種東西存在，而心理上的警覺（mental alertness）不是覺知。心理上的警覺，有助於提高你在這個世界的生存能力。頭腦是一個具明辨力的有用構造，主要用於求生存，但對存在沒有任何重要性。

覺知是一個更為深層的維度，不是你能夠做出來的，它不是行動，而是一種存在狀態，它就是你的本性。覺知是包容性的，它是擁抱整個宇宙的一個方法。你可以創造讓它發生的適當條件，但你無法把它做出來。如果你把肉身、心智身及能量身這三者調整為一致，覺知就會有綻放的空間。一旦覺知的綻放成為你的真實體驗時，你就會爆發進入「一」的存在狀態。這就是瑜伽——終極的合一。

那麼捨離呢？它又是什麼意思？

捨離的意思是，你投入的程度是如此強烈，以至於願意捨棄自己。多數人以為，捨離是指放棄某人或某個事物！但事實上，捨棄的是你自己，一切你所認為的自己。

安靜地坐著不動，捨離肯定會發生，但這不容易做到。因為在不動的狀態下，要捨離必須有極大的覺知。相反的，在跑步、跳舞或遊戲等劇烈活動中，你可以完全捨離自己。因為在這些時刻，你和你的過去斷開了。當你完全沉浸於某個活動時，你過去的業就不再對你發生作用。許多運動員和藝術家知道這種渾然忘我的狀態，卻苦於無法長久維持。渾然忘我的活動可以讓你嘗到自由的滋味，但並不能持久；而瑜伽，正是如何延續這種經驗的一門科學。

許多人認為，不安定的狀態是行動的先決條件。這點完全不正確。看似矛盾的是，安止才是行動的基礎。因為躁動不安而生的行動只會消耗生命，而不是滋養生命，它會在這個過程中毀掉一個人。當你的行動不再跟自己有關時，你會發現，你做事的能力幾乎是無限的，即便一天二十四小時不眠不休也不會疲憊，這就是業瑜伽的殊勝之處。

現在，你可能會問：這些跟**靈性**有什麼關係？

這就引出了另一個謬誤。

「有靈性」的意思，不是坐在樹下半睡半醒！有靈性不是失能，而是賦能。它不是表示你必須約束你的活動範圍，而是表示你要提升活動的品質。一個有靈性的人照樣可以煮飯、打掃、走路、工作、經營事業或治理國家，可以做任何他想做的事，但仍然具有靈性。

對這樣的人來說，他們生命的呼吸就是一種靈性進程。如果他們的覺知上升到一定的層次，如果他們的愛超越了某個局限，如果他們肉身的活動非常劇烈，或是如果他們的能量活力超過某個水準，那麼這就有可能發生。一個具有靈性的人，就是**在不動中找到動**、**在動中找到不動的人**。靈性就在於如何讓動靜並存於你之內，讓你恆常感受著那種亦生亦死的滋味。

揀擇性投入，是束縛和糾纏的基礎。這裡有個簡單的靈性練習，有助於解脫。從這一刻開始，有意識地投入周遭的一切，例如你吃的食物、你喝的水、你踩踏的土地、你呼吸的空氣，以及你身邊的人。如果你覺得很難做到，就想像面前有一個能夠引發你內心最高尚和最甜美情感的人，這個人可以是現在還活著的人，也可以是已逝去的人，可以是耶穌或佛陀，也可以是你生命中最珍視的人。接著，試著以同樣的眼神來看待你身邊的每個人和每個事物。如果這種狀態難以維持，可以使用手機每小時來提醒自己一次，例如用一個簡單的唱誦或梵咒或音樂來提醒你，好幫助你順利練習。

不要有分別心，平等地投入所有人事物，把所有的等級都拋開。如果出現在你面前的是上帝，你同樣投入；如果出現在你面前的一隻青蛙，你還是同樣投入。（我說的不是那隻被親吻後會變成王子的青蛙，牠就只是一隻普通的青蛙！）

一開始，這可能看起來具有挑戰性，但你一旦做到了，就會發現短短二十四小時之內，你就有能力成為一個幸福得超乎想像的人。

◆捨棄行動的成果

有一次，有人問我人生的使命是什麼？我回答：「沒什麼，我只是在瞎玩。」對方聽後大為震驚，在瞎玩？我是不是太輕率了？我說的是什麼意思？

不過，這話是真的。我所有的瑜伽課程、演講、研討會、推廣計畫，對我來說毫無意義。於是你可能會問，我為什麼要竭盡全力地確保人們學習瑜伽，以及確保人類的幸福呢？當我說它對我毫無意義時，我並不是說它毫無用處。我知道它有用，也知道這是人類目前需要的。但就我個人來說，它對我一點意義也沒有。與此同時，我仍是把它當成性命攸關的事來做，即便要付出生命的代價，也在所不惜。我的投入向來都是全力以赴。

這聽起來自相矛盾嗎？

事實上，並沒有。問題在於，大多數人只有在事關個人時才會去做。他們會想：「這是世上最重要的事。」或「上帝挑選了我來做這事。」他們總是在尋找自己的人生使命，卻從沒意識到，自己的業就是這麼造出來的！

上帝沒有任命任何人，而是人們自己製造了一種妄自尊大的錯覺，聲稱自己做的事是上天授意的。如果他們學會全身心投入到對自己不具任何意義的事情，就會發現自己的業很快就不糾纏了。

業瑜伽的基礎是**投入的過程，而不是成果**。無論你是透過覺知或捨離來處理自己的業，關鍵是讓自己沉浸於旅程中，而且不對目的地感到焦慮。

我們先來看一個實際的例子。假設某人是會計師，他去辦公室上班和計算數字，這些事並不會糾纏他。但促使他去工作的，可能還有別的原因，例如在這間公司上班有面子、有經濟上的福利、這個工作提供他某種生活方式，或這個工作讓他有社會資源。於是逐漸地，他可能會發現，自己去工作不再是因為喜歡計算數字，而是為了這個行為所帶來的成果。當然，每個人都應該得到報酬、吃得好、過得好，但問題是，如果沒有前述的這些福利，我們還會以同樣的熱忱來投入工作嗎？

你不需要成為一個聖典學者才能理解這一點，你只要觀察自己。你會發現，無論何時只要你做事沒有任何期待時，你對生命的體驗，在品質上就不同於有所期待的行為。一個很好的例子：當你在玩自己很喜歡的一個遊戲時，你會一頭栽進遊戲中，充滿熱情和投入。你玩遊戲當然是想贏，但就算輸了，你也不會崩潰。這是因為你享受這個過程，所以你願意再玩。如果你遊戲玩得非常開心，結果如何就不是太重要。如果能夠把這種覺知帶進生活的每一個層面，你的人生體驗就會徹底改觀。最重要的是，只有當你玩得好時，你才有可能贏，而不是因為你渴望贏。

要培養足夠的覺知去放下自己行動的結果，對每個人來說都不容易，因此世界上每一個文化都強調愛的重要性。當你對某人有深刻的愛時，要放下自己行事的結果就容易多了。

在這方面，女性絕對是更好的業瑜伽行者。想想數百年以來，所有那些安靜地、不知疲倦地、沒沒無聞地辛勤勞動的女性，她們對於經濟回報或美譽根本不抱任何期待。她們當中有許多人是全職照顧自己的家庭，以確保每個家人都可以得到愛、衣食得以溫飽，一刻都沒有去想這對自己有什麼好處。遺憾的是，我們一直都輕忽了世世代代這些無名女性的貢獻。

我們當前的教育造成了無止境的貪婪和毫不節制的需求。那些做事不求回報的人，在這個我們所創造出來的社會中，被視為是失敗者。我們所認為的進步，就是想著跟別人一樣，或是跟別人競爭，或是去贏過別人。這種瘋狂是現代世界的詛咒。

業瑜伽提醒我們，行動向來都不是個問題，會造成痛苦的，是我們對行動結果的期待。如果你對所做的事完全樂在其中，而且全心全意投入，那麼就完全不會產生痛苦；你會工作得很開心，而且工作能力也會大幅提升。

唯有充滿喜樂的人，才有能力去提倡捨棄自己行動的結果。一旦你想透過行動所產生的某種結果來獲得幸福，外在情境就會決定你是苦或樂。這就是為什麼我對那些不停引用克里希那或耶穌話語的人，或是鸚鵡學舌般重複羅摩（Rama）或佛陀話語的人，並不覺得他們有多厲害。缺乏內在的體悟而只會重述經典真理，只是徒勞無功，無論如何都無法轉化你的人生。

但是，一個反過來看待人生的簡單方式，卻能讓一切都大為改觀。如果你把人生視為快樂的一種**表達**，而不是你對快樂的追求，你會發現自己有了一個重大的轉變。你會毫不費力地沉浸於正在做的任何事情中，對結果沒有任何期望，為的只是享受過程中的純粹樂趣。

◆要統治，還是要服務？

人類別無選擇，只能採取行動，這是我們生命的本質。因此，擺在面前的路只有兩條：要統治，還是要服務？

我指的不是那種自以為高人一等的服務，這比什麼都更會強化小我。我所謂的**服務**，指的是一種完全融入的行動，而不是征服。每一個人都想要影響世界，但你是如何產生影響的，就是一個值得商榷的問題了。

不要以為你沒有能力成為一個暴君。大多數的人都想統治世界，不過因為三心二意，最終只能統治自己的家庭！他們或許不具備統治世界該有的能力、強度和專注力，但私底下，他們都希望能夠統治世界。

一個暴君與眾不同之處在於，他的自我形象非常強大。他對自己可能統治世界的信念是如此強大，以至於願望有時幾乎成為現實！許多人尚未發現的一件事是：如果能夠持續專注於某個特定的自我形象，那麼它就會成真。

然而，還有另一種創造方式，這種方式不用要求任何東西，甚至不用去考慮會發生什麼，事情會在需要發生時發生，你不用事先去考慮、計畫或設想。一旦你選擇這種方法，你需要做的，就只是熾熱地投入，你的專注和決心片刻都不動搖。然後有一天，你會到達一個再也不需要行動的境地。你有能力行動，但你不會被迫去行動，你選擇與生命交融，但不再跟它糾纏。

這種行動每個人都有可能做到。然而，在抵達這種狀態之前，我們需要某種熾烈的活動。沒有燃燒過的人，永遠不知道水有多清涼；活得不冷不熱、得過且過、只求安穩的人，永遠不可能到達轉化的臨界點。那些從未有過熾烈行動的人，永遠不能進入「不行動」；他們的不行動只會是懶散或漠然。

只有能夠完全融入工作的人，才知道休息的真正意義。這就是為什麼在 Isha 瑜伽中心，如我之前所說的，你會發現許多住在那裡的人會不停地工作。他們並不是在做自己喜歡或討厭的事，他們也不是為了實現什麼而做；那純粹是一種全神貫注、沒有揀擇的行動。因為需要有人做，所以他們就去做，如此而已。

你會發現，在經歷過嚴格、完全融入的工作之後，突然間你再也沒有意願去做其他事了，到了這個時候，真正的靈性進程於焉開展。唯有經歷過熾烈的行動後，你才會知道不行動的喜樂。一旦你的能量達到沸點，就非常容易將它轉化，讓你的生命以最和諧的可能方式發生。這就是業瑜伽的全部目的。

這也是一門創造真正強者的科學。一個服務奉獻的人，就是這樣培養出來的。他具有強大的力量，但不是統治的力量。統治的力量不是真正的力量，因為它隨時可能被剝奪。我們在這裡講的力量，是一種無法被剝奪的力量。無論這種人處於怎樣的情境或環境中，他會去做的唯有一件事。

那些想要統治的人，只有坐上王位才會做事，如果他們被拉下王位，就會變得很悲慘。但那些選擇服務的人會意志堅定而不受影響，因為他們不執著於自己行動的成果。如果在天堂，他們會做同樣的事，在地獄還是會做同樣的事。據傳佛陀曾經說過，他寧可在地獄服務，而不願上天堂，因為無論如何他都不會受苦，這是佛陀的自在。

這個方法讓你從對行動成果的執著中解脫出來。這個時候，行動會自行發生，也會自行消融不見，所以要從行動中解脫，你不必停止工作，因為無論如何它都會發生，你什麼都不需要做。

再來看看以下的故事：

在一座禪寺裡，住著一名八十多歲的大師。每天，他都要在花園中刻苦勞動——這是禪門中久受尊崇的修行之一。大師奉行此道很多年了，就算現在年老力衰，也不願意停止。

弟子們勸大師：「別再出坡勞動了，大師。」他們說：「這裡有我們呢，我們來做就好。」

但年邁的大師不聽，雖然他的體力衰減了，但熱忱不減。

於是有一天，弟子們把他的園藝工具拿去藏起來。大師遍尋不到工具，那天他就沒有吃東西。第二天，他還是沒找到工具，也同樣沒有進食。第三天，仍然沒有工具可用，依然不吃東西。

對於大師的拒絕進食，弟子們越來越擔心。隔天，他們便把大師的工具放回工作間。那天大師出坡勞動，並且吃了東西。到了晚上，他開示：「一日不作，一日不食。」那天夜裡大師圓寂了，連續四天的不吃不喝，讓他的體力損耗甚多。他的教示簡明扼要，在圓寂之前留下這樣的開示：一日不作，一日不食。

無論你把這樣的人放在什麼地方——天堂或地獄——他的行動都一樣。當你能做到這樣時，你就從變幻無常的外在情境中、從業的循環中解脫出來。僅僅閉上眼睛，你達不到這個境界；僅僅是逃到山裡靜坐，你達不到這個境界。因為當你睜開眼睛的那一刻、當你回到市集的那一刻，現實就會追上你。業必須被化解，而化解業的最有效方法，就是行動時帶著強大的熱忱專注投入，並且毫不在意結果。

有各種方法可以做到這一點。你可以沉浸於喜樂之中，以至於什麼都變得不重要；或者你可以深深地墜入愛河，以至於什麼都變得不重要。只有處於至樂或愛的狀態中，你才可以有不在乎結果的熾熱行動。

◆奉獻犧牲的意義

業瑜伽一詞常常與奉獻犧牲捆綁在一起。在全世界的每個靈性傳統中，奉獻犧牲的觀念都被認為是重要的。

梵文 yagna（祭儀），在英文中通常被翻譯為奉獻犧牲，但實際上，它通常指的是古印度所行的祭祀和法事，用以安撫神祇或平息自然界的某些力量。然而，就這個字的真正意思來說，這些法事並不是奉獻犧牲，因為**有所求的奉獻是交易，無所求的奉獻才是犧牲**。

傳統祭儀有它自己的程序、方法和內在邏輯。這是一套儀式，透過這個儀式，你可以取得與某些力量或神祇的聯繫，並尋求提升你的能力。時至今日，印度許多地區仍在施行這些儀式，用來創造出有利於健康和物質的一些好處。

然而，一旦你走上了靈性道路，就對這些小方法、小技巧、瑣碎的儀式不感興趣了。你的生活方式就是祭儀，這就是奉獻犧牲最深刻的意義。你沒興趣邀請專家來幫你辦祭典，好讓你能夠操縱某些力量。因為你的生命歷程就是一場奉獻。

就算全世界人口中只有一小部分的人具有冥想品質，也會有許多人從中受益。單單一棵芒果樹所結的果子，就可供一百個人食用。同樣的，當你整個人生變成一場奉獻時，就會有數千人從中受益。自古以來，行於此道者為數眾多。

Isha 有成千上萬名志工和行者，他們以信守的承諾和堅定的專注將一生奉獻於靈性道路。無論走到哪裡，他們都能夠發揮自己微薄的力量，將那個地方轉化為一個奉獻之地（yagna bhoomi）。

不要將犧牲看作是鬱鬱不樂的自我否定。當一個人的整個人生都變成奉獻時，自然會帶來獨特的喜悅。有個故事講的是一名在上世紀前往美國的印度苦行僧，他在美國曾經遇到過一個人輕蔑地評論：「你這個苦行僧，對什麼是人生一無所知。你既沒喝過酒，也沒跟女人上過床，你哪裡知道人生呢？」

苦行僧平靜地回答：「我來自一個犧牲奉獻之地。我知道犧牲奉獻的大樂，遠遠超過世間的快樂。我不畏懼你的快樂，也不否定、不譴責。然而，一旦你嘗到更深層次的喜樂，這些快樂就成了小孩子的玩具，不過是聊以慰藉的小小消遣罷了。」

這種做法一度深植於印度的家庭。它的延續不是透過言教，而是日常生活中的身教，是屬於靈性文化的一部分。在成長的過程中，孩子透過許多不同的方式觀察到，更深刻更圓滿的人生，在於給予而不是索取；在於服務，而不是統治。

如同其他許多母親一樣，我的母親也是一個典型的例子。她從來不需要對我們說：「我愛你。」因為這在她做的每件事中都已不言可喻。每天早上，在確認家人都吃過飯後，她會把自己的一部分早餐拿去餵後院的螞蟻。在沒有餵螞蟻前，她絕對不吃東西。如今，現代家庭可能還會在後院噴灑殺蟲劑！然而，在沒有任何自我意識的生態使命下，我的母親卻清楚知道，螞蟻和她一樣都對所生活的這個星球有同樣多的權利。她生活中每一個小舉動，都變成了一個個奉獻。

對於那些人生已經達到此境界的人來說，沒有必要做任何祭儀。他們的人生已經成為一種愛的表達——這裡的愛並非是「我愛你」或「你愛我」的愛，而是他們內在的一個基本氛圍。現在他們的人生就是一種不間斷的業瑜伽，源源不絕地湧出內在的喜悅。人生至此，再無所求。

第七章

業瑜伽和肉身

第七經：趁身體健康、有能力時多承擔些業的負荷，日後就可以「空著手」走了。

◆「體」現業

讓我們來看看，在我們覺察到的第一個自我的維度（即肉身）上，可以如何修練業瑜伽。業的記憶又如何影響肉身？我們如何利用肉身來擺脫業循環的束縛？

業的結構會以許多察覺不到的方式影響或甚至扭曲肉身，不僅僅是你的生活方式——所有吃的、喝的及吸入的東西——會對你的身體造成影響，你的思想和情感的最細微層面也會影響到身體。

先舉一個簡單的例子。通常看一個人的臉，你就可以知道對方是開心或沮喪。觀察力更好的話，你還會發現人在煩躁時，坐姿或站姿會不一樣。時間一久，這些姿勢變成習慣後就會僵化為一種習氣或傾向。

現在，頭腦在不同的日子有不同的表現。某一天，它是喜悅的；第二天，它是鬱悶的；第三天，它是緊張的。在這個過程中，它不僅扭曲你所見到的現實，也扭曲了你的身體。

想想每天都有你無法控制的意外之事，如果每一件小小的心理事件都會重新塑造你，那麼可以想見，不出幾年，你就會扭曲得完全走樣了！這樣的扭曲會在能量層面上顯著地發生，但顯現在生理上需要一些時間。

如果仔細觀察那些近期經歷了某種程度情緒壓力的人，你會注意到他們外表上的一些小變化。通常，如果左眼看起來比右眼稍小，就可以肯定對方在過去六個月內一直備受情緒困擾（當然，除非他天生就長這樣）。這是因為在瑜伽中，左半邊的身體總是與人類的情感生活和陰性維度有關，而陰性維度則是以盈虧有時的月亮為表徵。

此外，根據業的記憶本質，身體的某些部位也會出現某種表現。你或許已經在自己的身上注意到，不管你再怎麼努力運動，身上總是有塊肌肉相對地沒那麼配合。就算你去看醫生，或是做磁振造影（ＭＲＩ）檢查，都很可能告訴你，那塊肌肉完全沒問題。這是你繼承的業在以非常獨特的方式塑造你的骨骼系統和肌肉組織，使得每一塊肌肉並非都同樣強壯有力。

同樣的，如果你仔細注意自己的身體，也會發現你感受不到身體的某些部位；換言之，在感知的過程中存在著阻隔及間隙。這些同樣是因為業創造出自己的結構，根據這個業的信息，身體呈現出某個特有的形狀。

現代醫學對身心疾病的觀念已有清楚的認識，這說明了身體和頭腦的不可分離性。如我們先前所見，每一個感知都會產生相應的心理波動和化學反應，而同樣的過程也可以反向運作。你的生理結構、體質和整體健康，都是由這個持續不斷的過程所決定的。

這就是為什麼瑜伽修練與體位、呼吸、心態及意圖的關係會如此密切。如果可以將一定的覺知帶進自我的這些層面，那麼發生在內部或外部世界的種種，就不會影響到身體。當你心煩意亂時，尤其要有意識地把持自己的身體，因為你的業質正試圖以它的扭曲來塑造你的身體。這說明了瑜伽的體位（asana）和呼吸控制（pranayama）練習，為什麼需要更加謹慎用心。

◆業瑜伽和體位

哈達瑜伽是身體維度的瑜伽修練，它是如何讓我們的身體準備好去面對業呢？其中的邏輯很簡單，如果你以某種方式修練身體，它就會有能力去負荷更多的業，這就是你累積的業（sanchita）把它自己轉變為分業（prarabdha）的方式。至於你能夠負荷多少的業，則是由你固有的智慧來估算的。這個智慧會依據你的身體與能量情況，當然還包括你業的餘額，來決定你這一生應該處理的業有多少。

人的一生中有幾個規律的週期。大約每十二年就會有一個輪替，可讓你負荷更多的業。第一個十二年週期，開始於五十四個月到一〇八個月大的孩童（也就是四歲到九歲之間）。許多對生命有一定敏銳度的人，都會察覺到每十二年輪替時的那種細微變化；在這些時刻，人會有更強的感受性，也會更脆弱，同時也具有更多的可能性，而人生的轉折往往也發生在這個時候。

每年冬至和夏至，也是某些轉變發生的時刻。傳統上，瑜伽士會利用這些轉變來增加他們可以化解的業。月亮的每一個週期也代表著一個轉變。那些進行高強度瑜伽修練的人，常常會選擇在陰曆初一的新月日來承擔更多庫存裡的業。

有一則伊索寓言可以很好地說明了這一點。有個主人每次出門，隨行的僕人就會分配背負行李的工作。雖然伊索不是一個特別強壯的人，但他總是挑最重的行李，而其他人就專揀那些最輕的行李。每次一出門就是好幾天，而伊索每次都挑最重的行李來背負。有一天，其他僕人就問他：「你幹嘛呢？你個頭那麼小，為什麼要挑最重的行李？」

他回答：「我背的是糧食。雖然是最重的，但每吃一餐，糧包就會減輕一些，到了最後兩天，我就能空著手走。」

身體的準備也是這樣。透過瑜伽，你把身體準備好以便承擔更多的業。趁身體健康、有能力時多承擔些業的負荷，日後就可以「空著手」走了！沒有了要背負的東西，你的人生會變得很美好。如我先前指出的，這就是為什麼在 Isha 瑜伽中心的日程安排這麼緊湊嚴格，這樣劇烈的體力勞動，是為了盡快地把分業燒掉。

正如我們所知，每一個人生來都有不同的業分配。這些差別有時甚至在母親肚子裡時就很明顯，隨著孩子長大，他們每個都會不一樣。在這樣的基礎上，孩子先天的智慧決定了要如何分配能量到不同的活動上，包括身體活動、心理活動、情感活動和冥想活動等。

比方說，有個人將四〇％的能量用於身體活動、四〇％的能量用於情感活動，而思維活動和冥想活動各用去一〇％的能量。結果，這個人很可能過動得一塌糊塗！如果這樣的人來到我們的瑜伽中心，我會安排他做幾個月的劇烈勞動，把他分業中分配給身體活動的能量消耗掉。唯有在這些能量消耗殆盡後，他才有辦法安靜地坐下來冥想。如果沒有先做過一些劇烈活動，多數人都不能安靜地坐著。

在此之後，人生就變得簡單多了。總之，生命的整個進程本身就會燃燒業。僅僅是活著、呼吸著，就能燒掉大量的業。所以，經過一開始那種燃燒能量的體力活動之後，只要學會不去挑起新的負荷，那麼事情就好辦多了。簡而言之，就像是糧包一樣，一開始你挑選最重的負荷，但你知道它最終會消失不見！當然了，沿途你得確保自己不去撿拾垃圾。這樣做的目的，就是耗盡你業的配額，然後你就能享受輕裝上陣的快樂。

◆常見的業摩擦

一生當中，人們會經歷一些常見的心理摩擦——亦即他們所謂的壓力。如果沒有足夠的潤滑就去運轉生命的引擎，壓力就會產生。不過，一些基本的瑜伽練習可以為每個人提供生活中必要的潤滑。

有一些程度更複雜的摩擦，則是因為繼承的業與自己的肉身不相配——例如，某種繼承的業沒有找到合適的母胎；有時候，則是因為能量身無法很好地與肉身契合（不知何故，我發現這種人在美國東岸比西岸多，在印度北部比南部多。這可能跟土地本身的性質、地理環境所攜帶的記憶、整體氛圍或種種歷史因素有關）。

練習哈達瑜伽有助於揉捏、調整身體和整個系統（包括業的系統），撫平這些摩擦。在持續練習哈達瑜伽後，當你只是坐著時，不會有任何不適或緊張感。現在你可以安靜地坐著不動，也可以輕鬆自在地與外在世界往來。

有些時候，由於教育、科技、社會變遷，或是後天學來的某個能力，使人們獲得目前的業所不允許有的幸福狀態；他們的生活遠遠超過了他們業的藍圖。簡而言之，他們的人生境遇，比他們業所允許的狀況要好得多。

這個時候，提升自己就非常重要，否則你最終會因為現下安樂的生活而自吞苦果！這就是當今世界的通病。大多數人的問題不是日子過得太差，而是日子過得太好！這些是富貴病。人們的系統逐漸變得紊亂，因為他們內在的信息說得是一回事，但他們的現實生活又是另一回事。

要解決這個問題是有方法的——學會活在感激中，這點極為重要，因為它能樹立正確的心態。不斷地升級自己的軟體，這點也至關重要。每天練習哈達瑜伽和克里亞（Kriya），非常有助於擺脫業的負擔、升級自己的系統，以及調整自己的軟體。

所有這些瑜伽靈性練習，都在幫助我們去維持一個不受外界觸動的內在狀態。無論你是置身在皇宮或茅舍，你都是同一個人；無論你在哪裡，都會做同樣的事。當你維持著這種無分別心，就會發現自己的境遇越來越好。不過，如果沒有業的升級，舊有的強迫性會壓倒你，把你逼向某種氣氛和情境，不容你安於自己的新現實。

靈性練習①

如我們先前所見，業是建立於以下這三個層面上：思維上的波動、化學反應和感知。感知身（sensory body）是無意識頭腦最外層的顯現，而無意識頭腦則受控於一個龐大的業記憶庫，未經你的許可，這業的記憶時時刻刻都在顯現。由於它的顯現是無意識的，所以會讓你看起來一團混亂。然而，一旦你讓它變得有意識，這些可以是非常有用的信息。

人體系統有一百一十四個脈輪（能量中心），業質會集中在其中幾個脈輪周圍，這幾個脈輪與身體的某些關節和結節有關，隨著時間的推移，這些部位會累積越來越多的化學沉積物。

你也許嘗試過從心理層面去改變一些簡單的習慣，但是你會發現，不出幾天，你又會故態復萌。如果沒有同時在化學及生理層面去處理業，就不容易擺脫業的局限。

哈達瑜伽是一種透過身體的各種動作和伸展，以全然的覺知來消除業的方式。但這需要時間修習。因此，這裡提供一個簡單的練習，讓你可以逐步地由外到內、由身體到頭腦，從最外層的感知到身體內的化學沉積，再推進到具有固定思維及行動方式的頭腦。

閉上眼睛，雙手上舉到與臉等高，然後輕柔地舒展手部肌肉，不要像機械般地移動它。你會注意到很多感覺，盡可能敏銳地觀察這些感覺。將手完全伸展開來，去覺知手上每一塊肌肉的抽動。

如果你能夠注意到手中最細微的感覺，表示你可以把這個練習擴展到全身。持續閉上眼睛，現在伸展身體的每一塊肌肉，然後觀察有什麼感覺。

不要把這個練習變成像機械化動作一樣。讓動作猶如細膩的舞蹈動作一樣，非常輕柔地伸展身體的每一條纖維，同時觀察每一種感覺。

這個簡單的練習，有助於釋放體內日積月累的化學沉積物。這些沉積物是由於思想和情緒的變化和波動所日積月累形成的，而這是釋放它們的一種方法，在這個過程中，也可以除去業的沉積。經過這樣的處理，你感知和體驗世界的方式也會隨之改變。

此外，這也是一個培養覺知的有效方法。通常來說，人們對於自己的身體都是無覺知的，只有在牙痛或背痛時，才會突然對身體變得有覺知；其他時候，雖然身體就在那兒，大家卻渾然不覺地住在裡面。因此，培養覺知最簡單的方法之一，就是從培養對身體的覺知開始做起。

培養覺知不會止步於此，還可以更深入到各個不同層面。但先從身體開始（因為身體是一個恆定的因素），可以提供你一個不斷練習保持覺知的機會。

◆業與五大生命元素

我們在本書第一部談過，元素記憶在塑造人的過程中扮演怎樣的角色。五大元素構成了人類的系統、地球、太陽系，以及整個宇宙。沒有五大元素，就沒有創造的萬事萬物。

想想生命不可思議的多樣性，而構成的元素卻僅僅只有地、水、火、風、以太這五個元素。我們周遭有無數種的生命表現形式，卻找不到兩個一模一樣的人，究竟是什麼讓這驚人的多樣性成為可能呢？答案是：五大元素強大的接受力及獲取記憶的能力。隨著時間推移，有一層信息（或者也可稱為**業質**）會聚集在這些元素上。如果沒有這些特定的信息層，每個人就不會如此獨一無二。因此，在業的延續上，五大元素扮演著一個主要的角色。

瑜伽有一個稱為**五大元素淨化**（bhuta shuddhi）的系統，旨在淨化五大元素所累積的信息或業質。五大元素會吸收並留住信息，而這些信息自然會產生意圖。一旦你生出了一個意圖，自然就會朝著一個特定的方向移動。透過從元素中淨化這層信息，五大元素淨化能夠神奇地轉化一個人。

無論是體位（asana）或其他哈達瑜伽的練習，或是呼吸控制法（pranayama）或克里亞（內在的行動），每種瑜伽練習實際上都是淨化我們內在五大元素的方法。不過，還有一個極為強大的五大元素直接淨化，但無法透過書本來學習，因為這是一種直接的傳遞，而不是教導。在此，主要是讓讀者知道還有這種可能性存在，因為它是淨化內在最有效的方法之一。

我相信，相較於過去，有更多的女性經過我的啟引進入這個練習。五大元素的作用，會因性別而有不同表現；在女性系統中占主導地位的是火元素和水元素，而傳統的五大元素淨化一直都是以男性為主。不過在經過調整後，我們讓這種可能性向男女皆敞開。為了確保沒有人會被摒除在這種深具轉化潛力的練習之外，我認為這麼做在我們的時代是必要的。

這個練習的重要之處在於，時間一久，你系統中的五大元素將會與你的人生意圖步調一致。它們開始以你希望的方式運作。假以時日，這也會對你周遭的五大元素產生一些影響。

東方的醫學體系，包括阿育吠陀（Ayurveda）和悉達（Siddha）在內，向來都是基於這樣的認知：沒有兩個人是完全相同的。五大元素在一個人身上的運作方式，不同於它們在另一個人身上的運作方式。這使得東方醫學成為量身訂做的獨特醫療體系，很難標準化。醫生為每個人開的處方都不同，因為治療依據的不是病症，而是每個人的體質。五個具有相同症狀的人，會得到不同的治療，而其背後的基礎就是對五大元素的深刻理解。

有些未必與靈性沾上邊的人，卻已經在無意識中行使了五大元素淨化。你會在商界、政界或藝術界發現有些領袖人物都具有這種能力，當他們進入一個房間時，光憑其存在，就能馬上改變周遭的氣氛。這是因為他們在無意識下做了一定程度的五大元素淨化。然而，無意識下所做的，如果換成有意識地去做，力量只會更大。當你有意識地進行五大元素淨化時，身體內的五大元素就會以驚人的方式重新安排它們的運作方式。

事實上，五大元素淨化是在最基本的層次上淨化業。我們可能在某個早上決定改變心態來淨化心靈，但到了下午，又落回到舊有的思維窠臼。這就是為什麼瑜伽不能只針對心理做功課。我們都知道人的心智是出了名的不穩定和善變，相較之下，瑜伽認為身體更值得信賴。

話說回來，五大元素淨化直接處理你業的根本，也就是你自我認同的這些模式和傾向。如果你修剪了一棵樹，它會加倍生長回來；但如果你挖出樹根，樹就會沒了。因此，五大元素淨化在於徹底的轉化，而不在於膚淺的改變；它讓你自願放棄對自己創造的好、壞、醜陋等一切強迫性的執著，使得創造的源頭能夠在你之內發光。

靈性練習②

人類在任何領域的表現，總是透過與其他人的比較來衡量。如果你的感知能力比較強，就比別人多一個優勢，因為如果你提升了感知能力，或提升了你去**看**的能力，行動的有效性就會大幅提升。我經常告訴探求者，目標不是去看**什麼**，而是學會去看。

為了提升感知能力，你可以嘗試一種稱為阿卡西手印（Akashi Mudra）的簡單練習。尤其在你覺得必須處於最佳狀態，或是必須發揮你的最佳能力時，就可以做這個練習。

在你的能量身中有一個延伸到身體之外的匯聚點，其位置大約距離眉心十七至十九英寸（約四十三到四十八．五公分）之處。你必須在兩眼視線相交為十一度的銳角上去找到這個點，找到後可以增強你體內的**阿卡西**或以太元素。一旦阿卡西元素居於主導地位，你會發現自己感知的清晰度大幅提升。

◆將身體記憶減到最少

在本書第一部，我們看到身體記憶（runanubandha）的狡詐本質。對於人類的生存來說，身體記憶既不可免，也不可或缺，但超過某個程度，它可以變成束縛的來源。終其一生，我們的身體記憶會一直增加，增加幅度相當可觀，原因在於我們不懂如何管理系統中的身體記憶，也不知道如何將它降低到最少。

這就是為什麼會有一些傳統的規範及習慣，比如單一配偶制或一些簡單的生活守則，包括不隨便接受陌生人家裡的食物或飲水，不管對方是什麼種姓或階級背景。在印度的傳統家庭中，人們不會接受別人手中的鹽巴、檸檬或芝麻，因為這些東西都是特別有效的記憶載體。主要的考量就是，身體會記住任何的親密接觸，不只是肢體上的接觸，還包括與任何物質的接觸，其中有些物質被認為是更有效的記憶導體。基於同樣的原因，在瑜伽系統中，那些深入某些練習的人，會被要求在身上塗抹檀香膏或薑黃；有些人是把泥巴塗抹在身上，有些人則是抹上火葬場的骨灰。

這不純粹是儀式或迷信。今天的法醫學已經發展到，可以透過熱成像來準確判斷七十二小時前有誰坐在那裡。事實上，身體的溫度會留下熱印記。因此，犬隻經常可以透過嗅覺線索來追蹤到人，犬類科學可以說是一門既古老又先進的科學！

每一次接觸都會傳遞一個業的印記。大多數的人沒有意識到這一點，但這種印記會留存在一個精微層次上。手是身體最敏感的部位之一，透過手的接觸，身體記憶可以有效地從一個人傳遞到另一個人身上。

因此，牽手被認為是一種親密動作。這個簡單的動作，甚至比真正的性行為還能拉近彼此的關係。當性欲漲到最高點，探索對方身體的需求也會漲到最高點。當你感覺跟某個人很親密時，光是手牽手坐下來就能夠滿足了。

這就是為什麼印度傳統會演化出**合十禮**（Namaskar）：遇見某人時，以雙手合十來致意，而不是親吻、擁抱或握手。這樣做的目的，就是避免過多的身體接觸來擾亂你的系統。

合十禮是一種優雅的問候，因為它是向對方內在的創造本源致以深深的敬意。當你看的是一個人的身體或個性時，可能會生出喜歡或不喜歡的感受，而這意味著一種渴求或排斥的業的模式正在被啟動。然而，當你彎下身向某個人內在的創造本源鞠躬時（同樣的本源也在你的內在搏動），這意味著你認知到對方跟你擁有共同的內在神性。此外，你也確保自己不會因為沒有必要的身體接觸，而跟另一個身體糾纏不清。

觸碰古魯的腳，這個儀制也源自同樣的道理。就像手一樣，腳掌也特別敏感，透過對腳的觸碰，導師的能量可以傳遞給弟子。甚至還有一整套科學在探討，應該如何碰觸導師的腳才會得到最大的利益（我該慶幸的是，多數人不是真的懂這門科學！雖然許多印度人會俯拜在我腳下，但他們通常僅是做個象徵性的動作而已）。

其他還有一些淨化系統，利用的是各元素的淨化能力。就我自己的生活來說，當我投入高強度的瑜伽修練時，一天大概要洗澡五至七次。當你的身體系統變得非常敏感時，你會意識到每一次身體接觸的影響，從你觸摸的一隻手到你倚靠的坐墊都不例外。傳統上，瑜伽士每天至少要在河裡沐浴兩次，流動的河水可以很大程度地消除身體的記憶。

有趣的是，大自然也提供一些自然的方法讓我們能夠淨化業的循環。在北半球某些地區，一年中的某些時節（比方說七月和十二月至一月），風元素和水元素特別旺盛且流動性很強，這使得我們可以毫不費力地淨化自己。只要允許外在的五大元素來影響你，那些根深柢固的業循環就得以去除。這就是免費又不費力的五大元素淨化！

有些時候，甚至只是站在風中吹吹風，就能達到神奇的淨化效果。如果你試過在強風中站立半小時，很快就會明白好好洗一個「風浴澡」可以有哪些效果！洗過之後，你會感覺更輕鬆、更有活力。

這是「恩典自然站在你這邊」的美好時刻。把握住這種機會，對那些陷入微小業循環的人特別有益。這正是擺脫人生中那些小習慣或瑣碎煩惱的好時機，並且把每一天都當成是步入未知領域的絕佳機會。

傳統上，火也被用作一種淨化手段。即使在今天，還有許多家庭仍會使用「火浴」來消除負面影響。這種敏感性之所以會發展起來，是因為整個傳統的走向，是為了清理隨機遇到的人、情境和氛圍留在系統中的印記。

即便在今日，Isha 瑜伽中心的僧眾也都是分開洗衣服。雖然把大家的衣服一起放進洗衣機洗更省事，但他們不這麼做的理由，是因為每個人到達的靈性境界都不一樣。

這也是為什麼東方僧眾傳統上會穿土色的衣服。他們會用一種篩網濾過的細紅土來洗衣服，以確保他們唯一有的身體記憶是跟土的接觸，而不是周遭的人。泥土是一個有形的見證，提醒你與這個星球之間的聯繫：這具身體來自何處，也終將歸向何處。

東方古老的歌曲和詩詞，從古老的情歌到電影的流行歌曲，都會詠讚「生生世世在一起」，這不只是因為浪漫。連續性和穩定性之所以被賦予價值，是因為它們保障你的人生有個堅固可靠的基礎，讓你可以在這個基礎上追求終極。同樣的，婚姻也不只是兩個人的小情小愛，或者兩個人組成的小家庭，而是關於兩個人是為了終極的解脫而走在一起。這就是為什麼有這麼多的傳統把婚姻視為神聖。在傳統的印度婚禮上，當新人在繞行聖火時所吟唱的梵頌，用意是在聖化這兩個人的關係和能量，好讓他們可以朝著終極的可能性一起成長。

今天，在 Isha 瑜伽中心，我們會舉行所謂的**五大元素淨化婚禮**（bhuta shuddhi vivaha），這是為了促進兩個人的元素凝聚力所辦的一種結婚儀式。現在的世界，夫妻感到關係越來越難維繫，愛也變成了勞役；因此，五大元素淨化婚禮在最基本的層面上創造和諧，讓婚姻成為一個更潤滑、充滿恩典的伴侶關係。

當身體、遺傳、情感及社會關係達到一定的穩定性後，個人生命就可以成長至顛峰。一旦出現動盪不安，身體記憶會變得混亂，一段時間後還會造成嚴重的身心失衡。如果你的終極目標是解脫，如果你的終極願景是進化為一種神聖的可能性，那麼穩定性就為你提供了一個堅定不動搖的基礎，讓你可以在這個基礎上邁向最終目的地。

靈性練習③

物質世界是極性產物：男與女、陰與陽、左脈（ida）與右脈（pingala）、濕婆（Shiva）與夏克提（Shakti）、左腦與右腦。人類尋求極性合一的渴望，則透過野心、征服、愛、性和瑜伽表現出來。

如我們所知的，瑜伽的意思是合一。瑜伽最簡單的一個動作就是雙手合十。合十禮可以為你內在的兩極帶來融合。試著把雙手合在一起，手掌對齊，然後充滿愛地看著某個人或物。三到五分鐘後，你就會開始融合。

合十禮可以把你帶入平靜，讓你與愛交融，也能讓你自己與萬物合一。讓我們一起雙手合掌，使整個世界合為一體。願你雙手合十，開展生命。

◆靈性與快進的業

當你有意識地透過靈性練習來尋求業的解脫時，基本上你就處於快進模式了。當你攪動內在的生命時，你業的某些維度就會顯現出來。在這個關頭，你有可能會經歷強烈的疼痛或不適。當然，這也可能表示你生病了。不過，出現這種現象，通常只是你過去的業以這樣或那樣的方式浮出及顯現。

靈性進程的目的，是去承擔比你的分業更多的業，以便解決盡可能多的業。這意味著，你不想一遍遍地重複同樣的循環。因此，如果你正處於活躍的靈性進程中，可能會發現所有一切都以令人迷惑的速度在變化。以往每六個月會困擾你一次的身體問題，現在每六個小時就會出現一次！這只是因為你選擇了盡快解決自己的業，不再過那種把靈性當平靜的無菌生活了。

如果你的業是慢慢鬆開的，那麼你可能會在很長一段時間內有些小痠小痛。相反的，當業快進時，則往往意味著你可能會體驗到短暫而強烈的疼痛。前者中有許多人會變得沒有那麼有活力、不那麼開心，生活步調慢了下來、更加麻木冷漠，這是因為他們長期經歷著小病痛。靈性旅程就只是為了加速這個過程，使得可能持續三個月或一年的事情，在幾分鐘之內就全部發生了。

非常重要的是，你要允許業的進程快速推進，不要壓抑它。最明智的做法，就是讓你的身體盡快將你的分業消耗完畢。哈達瑜伽的基礎就只是這個：學會用對待快樂的方式來對待痛苦。如果學會這點，你就達到了無分別心，它會帶你超越業的進程所產生的亂流。

克里亞瑜伽的修練通常會在不干擾業的情況下，加速業的進程。然而，當你在系統中加入化學物質時，就是在製造另一種業，並將在未來為此付出代價。

那些擁有冥想品質的人會體驗到深層的喜悅，但這也會打開他們體驗深層痛苦的大門。不過，這只是短暫的，因為他們更高層次的覺知會讓痛苦更快速解決。當你進入更深層的冥想時，如果走錯一步，效應會馬上出現，然後你必須矯正它。但對於那些活得相對無覺知的人來說，這個過程可能會變得緩慢，但層次更深。對於有靈性覺知的人來說，需要花上一輩子去處理的事可能一天就解決了，因為他們會立即採取矯正措施。

如果你有了冥想品質後，卻仍然帶著負面性，那麼你負面的業就會變得強大一千倍，因為你的敏銳度和感受性也同樣增強了那麼多倍。假設你在培土耕作，雖然施肥會讓莊稼長得更好，但同時那些肥料也滋養著雜草。同樣的，當你在培養冥想狀態的同時，又允許負面情緒滋生，內在的痛苦就會急劇增加。因此，當你處於這種狀態時，要格外用心除草，否則到頭來只會雜草叢生而沒有半點莊稼。

踏上靈性道路的人之所以每天都要做練習，理由只有一個：為了確保業不會停滯。你可能已經注意到，如果你平常都有在做日常練習，然後停止練習六個月，過去許多反覆出現的身體、心理及社會問題都會重新回頭找上門。這就是業循環的運作方式。你也許認為自己已經轉化了，但你會突然發現各種強迫性的行為全都變本加厲地捲土重來了。唯有不間斷的靈性練習，才有助於打破生命的循環。

第八章

業瑜伽和心智身

第八經：當你體驗到當下這一刻，就再也不可能與它脫離了。

◆投入到當下

在一個受智力主宰的現代世界，頭腦的主導力是前所未見地強大，身體不再是生活中最強大的存在。在一個虛擬現實的時代，生活幾乎可以完全在網路世界中度過，有時我們甚至都快忘了自己還有個身體！

然而，如果我們能夠利用自己的頭腦來改變我們的視角，就可以形成一個根本上的重大轉變，而這個轉變可以為通往解脫的更深層旅程，營造出一個合適的氛圍。

這並非在邀請各位去認識一門新哲學。身為一名古魯，我對提供靈性建議不感興趣；因為我們所繼承的靈性教導已經應有盡有，無須再添磚加瓦。我提供的是一種方法、一個活生生的過程；傳授它的最佳方法，就是在一個受控的環境中現場教學。但即便是在一本書裡，如果讀者願意並有正確的開放心態，那麼一個重大的改變也可以發生。接下來，是一個通往活生生智慧的邀請，邀請各位卸下業的巨大包袱，好讓自己更能領受恩典。

如我們所知，人類把對時間的體驗分為三個維度：過去、現在和未來。我們的生活和語言都是圍繞著這一點而建構的。

但是，現在讓我們以一個全新的眼光來看待時間。

事實上，你所謂的過去，都只是記憶上的存在。你看出這一點了嗎？所有塑造過你的生活事件，所有你曾經做過的工作，所有你銀行裡的存款，所有你度過的假期，你所有的對話和爭執，你所有的愛、恨或漠然的關係，所有你培養的友誼和敵人，所有你讀過的書，所有你看過的電影，以及所有你讀過的經文——所有這些，都只存在於你的記憶中。

同樣的，你所謂的未來，都只是想像上的存在。所有你渴望和恐懼的一切——你夢想中的房子、你的完美伴侶、你的孩子、你的升遷、你的加薪、你的海濱別墅、你認為自己應得的賞識、你可能染上的所有可怕疾病、所有可能降臨到你所愛之人身上的可怕事故，以及所有可能讓你失去金錢、財產、家庭、性命的可怕方式，甚至所有會讓這顆星球毀滅的方式——所有這些，都只存在於你的想像中。

所以，會讓現在的你受苦的**只有兩件事**：你的記憶和你的想像，僅此而已。

記憶和想像都只存在於你的頭腦中，它們屬於你的心理現實，跟存在的現實**無關**。

先停下來問問自己：當我沒有迷失在記憶或想像的心理建構中時，我在哪裡？

答案只能有一個：當下。

當下不是教條或信念，而是現實。你不需要**努力**活在當下，當下不是一個概念，事實上，你不必努力活在當下，你**就**在當下，**你不可能在別的地方**。就存在來說，這是唯一的真理，只不過你沒有向它敞開。

這是否意味著，你應該捨棄自己的記憶和想像？

當然不是。在任何情況下，我們都不希望破壞業，因為業是讓我們的身體現實和心理現實成為可能的黏合劑。然而，當我們在選擇時，我們確實希望能夠超越它。這意味著一個簡單的事實：你的個體性完全是捏造的，是你自己創造出來的。

你的業讓你能夠收集到一定份量的生命。你所謂的「我自己」，只不過是你為自己所捕捉的那份生命所取的名字。但是，如果我們抹去你所有的心理印記，那麼你就無法以一個人而存在，你會以純粹的生命而存在。就存在來說，你就是生命的本質。在這個基本的、未顯化的狀態中，你完全沒有時間，也完全沒有業；你是不死的、不可摧毀的、永恆的。

那麼，當個體性的迷思被打破後，還剩下什麼？

你就抵達了循環性時間的終點。

當下包含著無限的可能性。就在此時此刻，你可以摧毀自己的整個心理建構，然後創造一個新的。或者你可以完全停止創造，以無形無相的純粹生命存在。這意味著，你選擇了自由而不是形相，選擇了永恆而不是片刻，選擇了當下而不是循環性的時間。

想想看，你對時間的認識基本上是循環的。地球自轉一次，你稱之為一天；月亮繞著地球轉一圈，你稱之為一個月；地球繞著太陽轉一圈，你稱之為一年。所有物質性的東西都具有這種週期性的循環。在東方，循環的世界稱為輪迴。當我們在談如何超越業時，本質上我們在想的，是如何超越輪迴的循環。

一旦打破這個循環，就不再有「你」和「我」了，因為個體性只存在於時間和空間裡。一旦我們跨越出時間和空間、記憶和想像的邊界，就沒有「我們」和「他們」、沒有「這裡」和「那裡」，也沒有「昨天」和「明天」，有的只是當下這一刻，而這一刻即是永恆。

我的手機有它自己的腦子。它安排我的行程，預測我下一個要說的字。它跟我的身體沒什麼差別，只不過我的身體是一個比手機更複雜精深的科技。我在一年前拿到了這支手機，在六十多年前取得了這副身體，但我跟這兩者都是分開的。可悲的是，我們變得如此認同自己的身體（還有手機！），以至於認為人生沒有它們就是死亡。

全世界的人都在用手機看整個的宇宙，但歸根究柢，他們一直在看的，只是自己的手機螢幕！

同樣的，只因為有了身體和頭腦，你就想像自己去了很多地方。但走到人生盡頭，你會恍然大悟，你只是一直在看自己的投射：你頭腦裡的手機螢幕。這就像電影結束後，當燈光亮起時，你被粗暴地丟回現實：你一步也沒動地待在原地，一直都在同一個地方轉來轉去！

頭腦可以創造出它自己的宇宙，但其中的每一個東西其實都只是你製造出來的一個投射。然而，你卻開始相信投射本身就是創造物。但，不是這樣的。

你會有時間和空間感，只因為你是透過累業的三稜鏡去看一切。然而，如果你超越自己的思想、情緒和身體，體驗到當下這一刻，就再也不可能與它脫離了。

你所知道的這個物質現實，遠遠不及宇宙的百分之一。就連這個地球也不是永恆的，以宏觀的角度來看，地球只是一顆無足輕重的泥球，而你是它上面的一個超級微小的塵粒。但你卻把這點忘記了，假裝可以根據自己蒐集到的一點點數據創造出一整個宇宙。

然後，你把自己視為與世界對立的個體，並以為那個更大的宇宙試圖碾碎你的世界。但它想要碾碎的，只是某個不存在的東西！宇宙只是要提醒你，你正在把虛擬的當成是真的。正是因為宇宙的寬宏大量，你才得以擁有個體的經驗，雖然實際上沒有任何東西可以稱為你自己的。

當然，你可以在個體性遊戲和二元性之舞中找到樂趣。我完全不想質疑你的親身經驗，但我一定要提醒你，這是一場遊戲，而且是一場你創造出來的遊戲。如果它投你所好，那就去吧，去享受這段旅程。但別太當真，如此而已！

◆這一刻是必然的

這一切是如何導致根本上的轉變的？

是這樣的：

正如我們所見，這一刻就是一切。這既不是公式，也不是理論，它的意思是如其本然地看待現實，也意味著讓自己與萬事萬物本來的樣子協調一致，而不是與你認為它們應該是什麼樣子協調一致。

一旦你接受當下這一刻是唯一的存在，就會發現**這一刻是必然的**，別無其他可能。不要試圖把它變成知識，也別把它哲學化，更不要說：「對，所有時刻都是必然的。」

我不是這個意思。並非所有時刻都是必然的，只有這一刻才是必然的。

你看出其中的差別了嗎？

這一刻的必然性是唯一穩定的時間點——是整個物質創造所依據的支點。

如果你是有意識的，能夠存在之處只有一個：現在。

時時刻刻都要保持覺知，然後回答這個簡單的問題：下一刻是必然的嗎？

不是。

如果你在這一刻是有意識的，你會發現只有這一刻才是必然的。

那麼，下一刻呢？

有一百萬種可能性。

如果你是有覺知的，就會積極地、機動地接受這一刻，而你自然就會活在人人渴求的幸福當中。除此之外，別無其他可能，因為幸福不是一個情境、一個目標或一個目的地，幸福就是你存在的常態。於是，痛苦就終結了。

因此，當下是通往創造及創造源頭的唯一門戶，其他一切只是幻覺。你對過去和未來的想法完全是錯覺，如果你有意識地如實接受當下，你的內在就有了一定的自在。從你所創造的一切裡放鬆下來，就會得到自在。接著，你可以體驗到整個的存在就是你自己，一切都變成是你的一部分，因為萬事萬物的存在，本質上就是一個整體。體悟到這點就是瑜伽，或者說終極合一。

多數人不知道如何才能自在，因為不安往往支配著他們的生活。他們總是想往別處去，但事實是：**你去不了別的地方**。

在你的腦子裡，你可以去一百萬個地方；如果願意，你還可以選擇營造出生活在異地的他方感（elsewhereness）。然而，**一旦你有了覺知，你就在當下**。無論你身在何處，無論你做什麼，你也只能夠在當下這一刻；不管你做什麼，也只能夠是在這一刻；你可以想昨天、可以想明天，還可以想一百萬年後的事，但這些想法都只能發生在這一刻。

這是否意味著你永遠不可以做計畫，永遠不能回憶過去？

完全不是。使用記憶力和想像力並沒有不對，這些是我們生存不可或缺的：我們需要從過往吸取教訓，當然也需要規畫自己的未來。然而，主動使用頭腦和被頭腦使用是不一樣的。現在是時候停止繼續被幻覺支配、被夢境欺壓了。

一旦你接受了什麼，就擁有了什麼。任何你所接受的，都會變成你的一部分；任何你不接受的，就變成了一個與你分隔的巨大障礙。

上大學時，我有個同學加入印度國家軍校學生軍團（National Cadet Corps）。他聽說那裡的民兵訓練可以好好鍛鍊身體，伙食也很好。幾個月後，他被送進一個模擬軍營，在那裡擔任衛哨勤務。一天有六個小時，他必須扛著一把沉重的李—恩菲爾德三〇三步槍（Lee-Enfield 303 rifle）在大門口走來走去。長得瘦巴巴的他吃力地扛著步槍，感覺肩膀都快垮掉了。

他向指揮官陳情：「長官，我背不動這把步槍，它對我來說太重了。派我去做其他勤務吧，這哨兵的任務我做不來。」

指揮官只是盯著他看。

男孩退而求其次：「要不讓我拿根棍子來代替。」他請求道：「這把步槍太重了，再說上面也沒有扳機，更沒有真的敵人會來。就讓我拿根棍子代替吧。」

指揮官一聲不響。

「長官，求求您了。」男孩懇求著。

指揮官伸出手一把抓起他的襯衫，把他提起來：「你瞧見這個了嗎？這是制服。一旦穿上這身制服，你就是個軍人。你為什麼是**背**著步槍？它是你的一部分。」

這番話讓男孩恍然大悟。值勤六個小時後，就連營裡最強壯的男人都想扔下步槍了，但這個男孩突然間就什麼問題都沒有了。他放不下這把步槍，這把步槍已經成為他的一部分了！

每當你的人生遭逢痛苦，你往往會想：「為什麼是我？就連我的岳母都沒這毛病！全世界這麼多的人，為什麼偏偏是**我**？」

然而，一旦你接受了某物，它就會成為你的一部分。如果你接受某物成為你的一部分，就算只有片刻，你就會生出一種深刻的和諧感，你就與生命調合了。如果你的接受是完全不保留的，就能體驗到整個的存在都是自己的一部分。

存在真的能成為你的一部分嗎？

邏輯上，這似乎不可能。雖然邏輯上不可能，但這是事實。

正如你是存在的一部分，存在也是你的一部分。正如一滴水是大海的一部分，大海也是一滴水的一部分。這是因為時間和空間不是絕對的，它們也可以被延展和縮小。瑜伽向來有這樣的說法：你可以把整個宇宙打包，裝進一顆芥菜種子裡！現代物理學證實，時間和空間並非我們過去認為的那樣。因此，一旦你超越邏輯的局限，也就超越了時間和空間的局限。如果你的接受是完全的，那麼所有一切——過去、現在、未來——都是**此時此地**。

這是某種魔術嗎？

不是的。這就是現實，是一切創造最壯觀的奇蹟。

「接受當下」不是一道公式，也不是一個概念，而是所有創造的基礎。正是在這一刻的懷抱裡，創造正在發生。你需要做的，就只是完全接受當下。不要壓抑你的回應，你要用全部的你──包括思想、情感及生命本身──來回應當下，這會將你帶到一個受到祝福的現實，也就是創造的源頭。

一旦你以人身來到這個星球，如果沒有體驗過自己的宇宙性，也就是當下所蘊含的不可思議的可能性，那麼你生而為人就浪費掉了。光是吃喝、睡覺、繁殖和死亡，你不需要被賦予精密複雜的身體、頭腦與覺知。如果這些巨大的天賦沒有被開發，那將是人生一大憾事。

◆錯綜複雜的制約

是什麼阻止人類發現當下深刻的轉化潛力？

答案很簡單：一顆游移不定的頭腦。

人的頭腦是一種無限複雜的機制。如果想要從業中解脫，那麼對於這個複雜的機制如何運作就有必要多了解一些。這個高度精密的機器，對我們身體的生存是必要的，但它往往也會成為我們渴求自由的阻礙。

正同我們所見，你可以沒完沒了談論自由，但當你的思想、感覺以及感知生命的方式都受到過去經驗的制約時，就沒有所謂的自由了。打從你出生的那一天起，你的父母、家庭、文化、宗教、教育及社會背景就一直在影響著你，從而形塑出這個現在的你。因此，你的頭腦一直都在被你的過往深深制約著。

這種制約就是我們所說的業。你過去的所有作為，無論是有意或無意，都在形塑今天的你。它們就像老虎鉗般地掐住你，你根本沒有自由意志可言。你一直都是透過業的濾鏡來看待世界。以下就讓我們來看看，製造出你業的這個心理機制。

佛陀是研究人類心智的偉大科學家，他談到心智的四個層面：

一、識（了知）（梵文 vinyana；英文 cognition）

二、想（認知）（梵文 sanya；英文 recognition）

三、受（感受）（梵文 vedana；英文 sensation）

四、行（反應）（梵文 sankara；英文 reaction）

假設你聽到了一個聲音，它會進入你心智的第一個層面「識」，了知這是一個聲音，而不是氣味、味道或景象。接著，「想」認出了這個聲音是什麼：是人在說話、鳥在啾啁或是引擎正在發動等等。那麼，「想」是如何辨認出來的呢？這是因為你聽過的每一種聲音都會被記錄下來，因此在你之內存在著一個龐大的聲音圖書館。如果沒有過去的印象，就沒有辨認出來的可能。比方說，在你第一次聽見啄木鳥的聲音時，你的心智會感到困惑，但十天後，等你再次聽見同樣的聲音時，「想」就會馬上辨認出來。

如果隔壁有年輕人在玩重金屬音樂，你可能會聽得很爽，而你的祖父可能會抓狂！同樣的聲音，某個人聽來是愉悅的，但另一個人聽來卻快崩潰。現在，當你認出那個聲音後，「受」會立即展開行動並生出一種感覺。如果你辨認的結果認為這是音樂，就會生出愉悅感；要是你辨認的結果認為這是噪音，就會生出不悅感。至於讓你認為是愉悅或不悅的，並非是聲音本身，而是它用什麼方式在你身上留下印記。因此，你體驗生命的方式——無論你認為它是甜或酸、是美或醜、是愉悅或不悅——全都是**你的責任**，因為是你的回應能力決定了你所有經驗的本質。

你是一個依賴於感官的存在。你的整個人生經歷是一種特定的感受。如果你感覺不到某種感受，甚至會覺察不到某部分身體的存在。當你的腿麻了，你甚至不確定它是否存在。「受」給了你感受，用這種體驗來提醒你是活生生存在著。你對感官輸入的認知方式，就是你經驗生命的方式。識（了知）、想（認知）、受（感受）是自行運作的，而且是瞬間發生。

然而，心智的第四個層面跟反應有關，而且完全在你的意識控制之下。如果一個愉悅的感受生起，你說你喜愛這個感受，你的「行」馬上會說：「哦，他喜歡，那就把它儲存在愛的袋子裡。」於是，它就永遠儲存在你心中那個愛的袋子裡。如果一個不悅的感受生起，你強烈地感覺到「我恨它」，「行」馬上會說：「他恨它，把它儲存在恨的袋子裡。」於是，它就永遠儲存在你心中那個恨的袋子裡。如果你發現自己在渴求和厭惡、愛和恨之間搖擺不定，你的業會急遽增長，而你的束縛也在增強。如果你有強烈的好惡，你的痛苦也會更強烈。

然而，也有可能出現另一種情況。如果一種感受生起，你可以選擇是否要回應。當你有了選擇的能力，你就只是如實地經驗著感受。然而，一旦你生起強烈的反應，就會扭曲該經驗；相反的，如果你保持無分別心，那麼依附在那種感受上的業，就會在你之內開始瓦解。

保持無分別心，業的整個結構會開始瓦解，它需要的就只是一個如實去經驗一切的意願。你不逃避也不追逐經驗，你只是敞開自己去享受生命的種種滋味，既不追求這個，也不逃避那個。

在人生走到盡頭之前，盡可能地去體驗生命，這難道不是你短暫寄身於這個星球的全部意義嗎？

因此，不妨就從以下這個深刻的領悟開始：**這一刻是必然的**。

換句話說，也就是讓以下這個簡單的真相滲透你：**我的回應能力是無限的**。

如果你覺知到這個真相，就會發現目前看起來似乎限制你的許多東西，將會在二十四小時內消失不見！只要保持這種覺知三分鐘，你就能立刻看到不一樣。一旦你能穩定地保持這個覺知，總有一天你會發現自己和佛無別。

隨著你的接受程度不斷加深，你就進入了更高層次的自由。接受就是從推諉遊戲中解脫出來，從人我之分的戲碼中解脫出來，也從二元對立的舞蹈中解脫出來。此時此刻只有你，沒有其他人，所以你又能責怪誰呢？

但是，如果你持續抗拒，就是在製造更深層次的束縛。看清自己的回應能力是無限的，這點極為重要，因為這種能力遠遠超出了你目前的理解和感知程度。

當人們聽到自己有能力去回應任何事，甚至包括那些發生在自己出生之前的事情時，往往認為這是無稽之談：「我要為自己出生前發生的事負責？這太離譜了！完全毫無邏輯可言！」

但是，讓我們從另一種方式來看。

假設我祖父借給你祖父二千五百萬。今天，我讀了祖父的舊日記時發現，他清楚地在某一天記錄下這筆交易。我祖父在借出這筆款項的三天後去世，因此這筆錢一直沒有還回來。

我有這筆交易的證據。所以我去找你說道：「在我們或我們的父親出生之前，我祖父借給你祖父這麼多的錢，我手上有證據。看在我們是朋友的份上，利息就免了，但請把本金還回來。」

你會怎麼說？

你當然會說：「完全一派胡言！為什麼我要為出生前的事情負責？去找我的祖父要吧！」

但讓我們假設情況正好相反：我一直在享受著自己的資產，但今天早上你發現了一些舊文件，上面白紙黑字地寫著這是你祖父的資產。你會怎麼做？你會做何反應？

你會馬上聯絡律師，對吧？

在你出生之前，如果你的祖父賺了大錢或擁有不少資產，你絕對會毫不猶疑地為此負起責任；但如果你的祖父生前負債，你當然就沒有責任囉！

這就是一個古老的把戲：正面我贏，反面你輸❶。

事實是，你的責任——無論你喜歡與否、知道與否——遠遠超出你目前的理解程度。如果你接受這個事實，你的人生自然會變得更自在、更和諧。你越是開始意識到要為自己的人生負責，就與解脫離得越近。如果你試圖把責任推給別人，就會開始一步步陷入糾結。

比方說，你走在街上時，有個路人踩到你的腳，結果把你的腳踩斷了。你痛徹心肺，要那個路人為此負責。當你認為某人應該為你的痛苦負責時，你往往會希望對方也一樣痛苦。相反的，如果你能夠這麼想：「發生這種事很不幸，但如果我的腳斷了，這是我的業。」你就會採取負責的行動，而不會浪費時間和精力去抱怨、罵自己倒楣，或計畫如何復仇。

哪一種存在方式更明智？

不要誤以為業是宿命論。承認業，意味著你已看出人生百分之百都是自己的作為。如果你看穿這一點，就會創造出自己想要的人生，而不是無助地坐在那裡詛咒父母的基因或當前的處境。看出人生由自己創造，而不是一種隨機現象，這就是業的基礎。這樣的人生會充滿力量，並將自然而然地走向解脫。

大多數人都沒有意識到自己被賦予的強大創造力。這是因為他們大部分的創造都取決於自身的強迫性，而不是取決於自己的自由。任何由限制所創造出來的東西都會是受限的。然而，如果你已經看出自己的回應能力是無限的，那麼你的創造能力也會飛躍性提升。

有個練習你可以試試。如果你完全放下你的自我形象，會發現自己處於一種極度自由的狀態。這個時候的你，有能力在沒有任何自我形象的情況下生活；同時，你也有能力完全轉化自己的形象。基本上，你拿得起也放得下任何形象，而且無論是拿起或放下，一點都不沾你身。

我不會告訴你，你應該如何如何。但現在請先停下來，在你的腦海裡重新把自己創造出來：從骨骼架構開始，然後慢慢地填上血肉。

閉上眼睛，觀想你希望別人對你有怎樣的感受。你希望自己的思想和情感有哪些基本特質？你希望對這個世界有什麼樣的影響？

創造出一個全新的存在。

然後，檢視這個新形象，看它是否比舊形象更符合你所認為的神性？是否真的比先前的形象更好？然後進一步審視它。這個新形象是否更有能力、更有人性、更有愛心，也更充滿喜樂？

❶譯註：擲銅板決定勝負，銅板出現正面，就是我贏；銅板出現反面，就是你輸。意思就是：無論如何，反正都是我贏你輸。

盡可能專注地去觀想這個新形象，讓它在你之內活靈活現。如果你的觀想足夠有力、足夠強大，這個新形象甚至可以打破業的束縛。

這是一個機會，讓你可以超越思想、情感和行為的所有限制；這也是一個機會，讓你能夠有意識地打造自己，變成你想要創造的。

◆與業的結構拉開距離

靜坐冥想的主要目的，就是在你和你的肉身、心智身及能量身之間創造出一定的距離。你的心智身是業的主要製造單位，如果你認識到頭腦是業的主要來源，你就走上了正道。一旦你跟頭腦之間有了距離，就與過去有了距離。到了這個時候，在你有需要時，所有記憶都可以取得，但它們不再有支配你的力量。

我們的目標是，有一天在你之內會創造出一個情境，使得你可以在其中真實地體驗到：**我不是我的頭腦所累積的東西**。這個時候，你的業就再也無法支配你。這是邁向解脫的第一步。

有個越來越熱門的趨勢——透過前世回溯的方式來深入探討個人業的結構。對於一個走上靈性道路的人來說，這是絕對沒有必要的。詳查細審頭腦的內容，是個沒完沒了且毫無意義的練習。靈性探求者並不想選擇性地擺脫業，而是要把業的整個包袱都完全放下。

一旦你與頭腦之間有了一個明顯的空間，業的清除就會很快速。你現在已經停止製造新業，而這點幫助極大。隨著時間的推移，你庫存的舊業便會迅速流出。

這個時候的你能夠清楚看出：**我的頭腦屬於我，但我不是我的頭腦**。這就像開車一樣，汽車引擎會對你的所有要求做出回應，但它不是你。當你跟你的車有很深的互動時，你可能會把它當作是自己的延伸。許多人會這樣！然而，當你能夠與頭腦保持距離時，你指揮它做事的能力就會提升。一旦你可以這樣把自己區分出來，就再也不用擔心業了。

業的基礎很簡單：你是你所有包袱的源頭。當你清楚認識到這一點，你的基本質性就會改變。如果你把別人看作業的源頭，就總會心煩意亂、迷失方向、辛酸苦澀、失望沮喪、焦躁不安、憤恨不平。當你看出自己就是那個源頭時，你就能回歸正位了。這個時候的你，能量聚焦在你之內。你的腦袋裡不再上演老套的責備和憤怒戲碼，也不再被外在環境或自身的頭腦所奴役。

一旦你明白業是自己的責任，你就自由了；一旦你跟頭腦拉開距離，你也自由了。兩個方法都行得通。

◆把自己的責任收回來

來看看這個故事：

有一天，山卡拉．皮賴去了酒吧。他在吧台坐下，然後跟酒保說道：「欸，我要喝一杯，但我現在身上沒有錢。」

「請你離開。」酒保馬上回答：「我們這裡不招待這種人。」

山卡拉．皮賴不為所動：「等等，我可以給你看個東西。如果你覺得不錯，就請我喝一杯；否則，我二話不說，馬上走人。」

於是，山卡拉．皮賴從口袋裡掏出一隻癩蛤蟆，把牠放在吧台上。

酒保興致索然地問：「你是不是要跟我說，如果我親牠一下，牠就會變身成公主？」

「不是，不是，」山卡拉．皮賴向他保證：「你等等。」然後從另一個口袋掏出一隻倉鼠，他宣稱：「這隻倉鼠會背誦《聖經》裡的章節。」

「哈！」酒保嘲笑道：「老兄，別跟我胡扯了。」

「聽好了。」山卡拉．皮賴說。

接著，這隻倉鼠馬上背出《加拉太書》第五章。

「哇，這也太神奇了！」酒保驚呼，然後給山卡拉．皮賴倒了一杯酒。

山卡拉．皮賴接過酒後，把倉鼠放回口袋：「你知道，我喝一杯是不夠的。」他說：「我也可以叫那隻癩蛤蟆背誦《聖經》，隨便哪個章節都行。」

「那《創世紀》第三章如何？」大感驚奇的酒保問。癩蛤蟆立即滔滔不絕地背誦了出來。

酒保嘖嘖稱奇，他又給山卡拉．皮賴倒了一杯酒。

山卡拉．皮賴把酒一飲而盡，然後宣布：「現在我要把這隻癩蛤蟆賣了。」頓時，酒吧裡的所有人都開始出價。競價又快速又熱烈，最後以兩百元成交。

山卡拉．皮賴正要把癩蛤蟆交給出價最高的那個人時，酒保揪起他的衣領，把他拉過吧台：「你這個白痴！」酒保咬牙切齒說道：「你為了兩百塊錢把一隻會說話的癩蛤蟆賣掉！如果你願意跟我對半分，我可以讓你賺到兩百萬。」

山卡拉．皮賴只是平靜地說：「不，不，沒關係。他們付的錢已經夠了。」

他收下兩百塊錢，然後交出癩蛤蟆。興奮的買主從酒吧跑出去，迫不及待地去炫耀新得的戰利品。

酒保告訴山卡拉．皮賴：「你這個瘋子。一隻會說話的癩蛤蟆只賣了兩百元！」

山卡拉．皮賴說：「別擔心，是我的倉鼠會腹語。」

這故事如此荒謬，但事實上，這卻是許多人過日子的方式。他們選擇隨時把責任外包給某個相當於倉鼠的對象。

大部分的時候，人們會把責任推卸給自己過去的業。可悲的是，在這個過程中，他們錯失了當下的巨大潛能；他們確保了未來是過去的重複，把當下的轉化力量低價賤賣。

問題不在於你過去的業，而是在於你現在的業正在尋求一條逃路。它想要把責任推給別人，想要回到過去或前往未來，它想要逃離當下。於是，受害者心態和被動性的舊有循環就會不斷地自我延續下去。停下來觀察一下，你很可能發現自己**當下**就在這麼做。

沒錯，你過去的舊業確實製造了某些傾向影響了你，但每個人都具有足夠的覺知去克服這些傾向，沒有一個人必須被自身的遺傳藍圖所奴役。我們每個人都可以選擇：要超越我們繼承的業，或是繼續受它欺壓。

有多少次你無意中聽到人們像那隻會說腹語的倉鼠一樣，說這樣的話：「我真的很想控制好脾氣，但你知道的——我父親的基因……」或者「我希望可以開始清理附近的街道，但我住在一個如此冷漠的社區。」每一個這樣的說詞，不只是在籠統地評判自己的過去，更在抹殺**自己還沒有活過的未來**。

不管過去的業，如果你正確地對待自己的當下，事情就可以從根本上改變。這就是身為人類的美妙之處。如果你願意保持全然覺知，那麼無論你背負的是哪一種業的包袱，過去就對你沒有任何影響。我在無數人身上看到了這種情況。只要對頭腦的機制多了解一些，就算沒有做過任何認真的靈性練習，他們都會發現自己比以前更喜悅了。雖然不知原因，但他們還發現自己走路的步伐變輕快了，洗澡時會哼著歌，或是白天會吹著口哨。在我帶領的內在工程課程當中，甚至在啟引學員進入一個叫克里亞的能量行動之前，只是聽聞到頭腦的運作方式，就能讓他們在許多方面獲得自由。

你所謂的業，也就是你所攜帶的那個裝著習氣和傾向的包袱，就只存在你的記憶和想像中。因此，如果你深深地、完全地、徹底地處在當下這一刻，就已經卸下了你的業的包袱。

是時候放下過去了。有意識地去活，你就會發現當下這一刻不可能被分割為過去和未來，也無法被分割成這時和那時。這個宇宙所有曾經存在過的事物，只有存在於當下；而所有將會存在的東西，也唯有存在於當下。

當下是你唯一的住址，此時此地是你唯一的住處。

第九章

業瑜伽和能量身

第九經：重要的不是創造奇蹟，而是認識到你就是生命的奇蹟。

◆修正目的地

我常說，我真正擅長的只有一件事：讓人和地方充滿能量。我所做的其他一切，包括在世界各地旅行、演講、開課，或是帶頭推動環境、教育和文化計畫等等，都是次要的。這並不表示我不重視自己所做的事，我做每一件事都是全心投入的，但我主要專精的，還是生命能量；更貼切的說法是，我是一個能量技師。

能量身層次的業瑜伽至關重要的理由不一而足，其中之一是它可以轉化或更生能量身，使能量身不只重獲新生，而且是歷久如新。無論你多注重飲食，或是做多少運動或哈達瑜伽，你的肉身還是會老化和衰退。心智身是一個很神奇的工具，但也會隨著年齡而變得遲鈍，例如許多人都會發現自己的記憶力不如年輕時那麼好。然而，能量身卻可以完全不受老化過程的影響，可以保持得跟你剛出生時一樣，這種嶄新的狀態可以一直維持到你死去為止。一個強大的能量身，對你的人生和周遭世界都有深遠的影響，對許多人來說，它近乎奇蹟。

在Isha的課程中，學員接受啟引而進入所謂的克里亞練習，這是一種更新和提振能量身的強大瑜伽進程，我稱它為「內在行動之道」，因為它不涉及肉身或心智身，而是純粹在能量層面的行動。如果經常練習，可以確保能量身的煥發和活力。如果你能在人生中的每一刻，都將能量身保持得猶如新生兒的能量身那樣，就會發現內外在的環境絕對會以最好的方式呈現給你。

在能量身上下功夫為什麼有益，其實還有一個理由，就是它可以最直接地處理繼承的業這個棘手維度。我稱它棘手，是因為業的殘留不是自成一個身，而是同時占據肉身、心智身和能量身的一種維度。如同我們先前談過的，在肉身層次上處理業非常重要，它可以淨化五大元素、將身體記憶降至最低，以及透過哈達瑜伽的練習，重新活化系統並予以升級。在心理層次上處理業也很重要，它可以對你的生活方式及你處於當下的方式，造成一個根本上的轉變。然而，當你在能量層次上處理業時，過程會更深入、更迅速，同時也會加速其他層次的改變。

最重要的是，它可以改變你的目的地。肉身層次的瑜伽可以帶來健康；心智身層次的瑜伽可以帶來喜悅、平衡、穩定及平靜；而能量身層次的瑜伽，可以確保你只會朝著解脫邁進。

如果你鍛鍊身體，身體會長得好；如果你鍛鍊心理，心智身會得到顯著的成長。

遺憾的是，多數人從來沒有鍛鍊過自己的能量身，因此能量身一直都是羸弱的。這就是為什麼世界上有這麼多的人有錢有名，甚至得到社交媒體的高度關注，但還是覺得自己微不足道。瑜伽士就不會有這種感覺，因為他們的能量身得到高度發展。

同樣的人生事件，在不同人身上會留下不同印記。同樣是婚姻破裂，對這個人來說可能是一件好事，對那個人來說卻可能會精神崩潰，而對另一個人來說可能會導致病痛纏身。無論你吃什麼、喝什麼或呼吸什麼，全都是能量，但你能否把它轉化為生理、心理或生命的能量，就都取決於你。能量既無法被創造出來，也無法被摧毀，能量只能被轉化。

看看下面的故事：

山卡拉．皮賴正在尋找一個新住處。他在找房子時遇到一位地主，地主問他：「這些年來你都住在哪裡？」

山卡拉．皮賴說，一個月前他住在城裡的某處，兩個月前他住在城裡的另一處，六個月前他住在完全不同的另一區。

地主開始起了疑心：「你幹嘛一直搬家？你有很多敵人嗎？」

「不，不，我一個敵人都沒有。」山卡拉．皮賴雲淡風清地說：「但不知怎麼搞的，我所有的朋友都討厭我。」

把敵人說成是朋友，這當然只是一個委婉的文字遊戲！它與現實無關。許多人選擇活在這種膚淺的層次上，他們選擇的是自我改進而不是自我轉化，他們的和藹不冷不熱，他們的親切普普通通，指望著這種生活可以帶領他們通達終極。他們忘記了這種社會性與存在沒有關係。

這就是為什麼業瑜伽必須在多個層次上進行，僅僅修練肉身及心智身是不夠的。如果你清除了思想上的業質，可能會被社會賞識，因為你的存在帶來了平靜、喜悅和甜美。由於你已經把頭腦打掃乾淨了，人們可能喜歡和你在一起，但這仍然無法改變你前進的方向，你還是會受到累世經歷的殘餘影響，透過傾向來左右你。唯有當你開始清除能量身的業質時，才會開始朝著一個新的方向移動。這個時候的你，不再受到傾向的支配，開始成為一個有意識的存在。

在內在工程課程中，我啟引人們進入的香巴維大手印克里亞（kriya Shambhavi Mahamudra）之所以重要的原因是：它能夠剔除能量系統中的業質，從而改變你的目的地。透過這個課程來培養愉悅的人是可行的，也將得到社會的極大肯定，但無論你愉不愉悅，都跟靈性無關。一旦你轉化能量身的內容時，生命的基本面就開始發生變化。這個時候，被賦予強大力量的你，就可以開始朝著自由大步邁進。

◆火與光的瑜伽

大家常常會問我如何消業，我告訴他們，消業到了一定程度以後就沒有意義了。它會讓你除去雲霧、以一種必要的清晰度來看待生命，還賦予你一定的自由免於強迫、焦慮和恐懼。但是，如果你把業的庫存消融殆盡，那麼肉身和心智身就無法再維繫下去。基於這個理由，對一個覺悟者來說，如何保住身體就成了一個長期的挑戰。

對大多數靈性修行者來說，在消融一些業後，最好做一種能夠讓你與業保持一定距離的靈性練習。尚存的業會讓你的練習得以持續下去，同時，這個練習又會讓你跟自己的身體和頭腦有一定的距離；這種人就是當今世界所迫切需要的。這個世界上大部分該做的事都沒有做成，原因就在於人們沒有能力跟自己業的強迫性保持距離。

一旦跟業有了一定的距離，你有的是哪種業就無關緊要了。事實上，你的業為這個世界增添了色彩。這個世界充滿了各種瘋狂的、獨特的人，只要他們的行為不是出於強迫，就會很美好！只要不是受到衝動所驅使，存在方式就沒有所謂的好或壞、正確或不正確，所有一切都是生命這幅壯麗織錦的一部分。

別忘了，衝動可以有許多種。無論你是抽菸、喝酒或整天祈禱，你的行為都可能是出於衝動。無論你做什麼，如果你是帶著喜悅和感恩去做，如果它能讓你從循環中解脫出來，這才是重點。如果你的內心因為喜悅和感恩而生起某種虔敬的心態，那更是美妙。業的累積取決於你如何看待生命，而不是你的生命有什麼看頭。

這就是為什麼八肢瑜伽（ashtanga yoga）具有特定的結構，包括被視為火層面的前三肢：夜摩（yama）、尼夜摩（niyama）、體位（asana），具有淨化力；被視為光層面的後四肢：內攝（pratyahara）、專注（dharana）、禪那（dhyana）、三摩地（samadhi），具有開悟性；以及第四肢呼吸控制（pranayama），被視為連接火與光的中間過渡步驟。

在靈性道路上，**夜摩**和**尼夜摩**是該做與不該做的簡單指導原則，例如非暴力、信守真理、不偷竊、不斂財、清淨、潔淨、練習等等，這些會為一個人的靈性進化創造適當的氛圍。一旦開悟，這些該做與不該做的事就不是太重要了，當你充滿慈悲心，神性現前時，就不再需要制定規矩。到了這個時候，人性完全知道什麼情況下該做什麼。這些簡單的道德規範，是為了幫助那些剛踏上靈性道路的人而設置的。

體位，當然就是指探求者在一定程度的覺知狀態下，所練習的多種瑜伽姿勢。體位可以操控你的內在能量往某個方向流動，也是一種將身體捏揉到更高可能性的方法。如果你做過麵包，就知道麵包是否做得好，要看麵團是否揉得好，而陶罐品質好不好則取決於陶土是否揉得好。同樣的，體位也是透過對身體的徹底揉捏來提升意識。瑜伽這門學問就是這麼有深度，它是一個由外而內的旅程，它提醒我們，有意識地在肉身層次上修練，可以改變思維、感覺和經驗生命的方式，最終可以帶領我們抵達更高的靈性可能。

第四肢**呼吸控制**，內容涵蓋有意識地修練生命能量，因為在本質上它同時具有淨化力和開悟性，所以是介於火和光的中間階段。

內攝——向內走——是瑜伽中特別重要的一肢，也是當今世界最具挑戰性的一肢，因為外在刺激所引發的分心是前所未見地嚴重。內攝甚至把生理和心理都視為外在的累積，這也意味著要從身體和頭腦兩方面完全收攝回來。

專注是一種持續的、不間斷、朝向內在的注意力，依據的前提是：只要你不動搖地專注在任何東西上，你就會與之相連結。在這個被電子媒體所主宰的時代，在這個注意力不足過動症（ADHD）幾乎多到氾濫的時代，這一肢也比以往任何時候都要更具挑戰性。

禪那（dhyana）是一種融入或冥想的狀態，你和內在世界（第六肢「專注」時，你所關注的對象）已經不再有分別，兩者合而為一。

三摩地是最後的階段。到了這個時候，你已經消融為什麼都不是，因為分別心已經消退，你具有絕對的無分別心，而那個超越所有一切的，就在此時現前。

淨化或消業，對於那些被業糾纏或驅迫的人來說是必要的。如果沒有消業，大多數的人就做不了**冥想**，但一旦開始冥想，這靈性道路就不再與消業有關，而是一個明覺的進程，使你與身體和頭腦之間創造出一定的距離。這就是通往自由的旅程。

大部分的靈性修行者都可以為這一點作證。九成的人做不了冥想，唯有在做過消業的練習，把強迫性的業燃燒殆盡後，才有辦法閉上眼睛靜止地坐著。因此，理想的練習要兼顧火與光層面的平衡。就我個人來說，我不介意火的層面，因為我受不了索然無味，寧可猛火衝天，也不要平淡無趣、了無生氣！但那些總是風風火火、熾烈燃燒的人，卻不太見容於社會。因此，最好還是在這兩者之間取得平衡。

一旦處理好了分業，你的內在就會釋出一些空間，讓你可以帶著一定的清晰度去感知生命。你不需要把剩下的業都解決掉，因為這時的你已經看見整個業的影響都是虛幻的。一旦你有了這種清楚的領悟，要在需要時放下剩下的業就容易了。

把積業全部解決掉，是一個極為漫長的過程，因為積業太多了。所以，別想去調查你的庫房裡有什麼東西，那是永遠都調查不完的，而且還可能把你吞噬掉！對你的業詳細探究的危險性在於，你可能會發現一些想要保留、捨不得除去的珍貴之物。只要處理好分業，然後利用騰出來的空間把積業全部擺脫掉，這樣就可以了。一旦你關掉零售店，倉庫就會變成沒有意義的垃圾！所以，當時機成熟，只要把整個倉庫的東西和設施一起打包扔掉就行了。

太陽把水變成雲，並替雲畫上銀邊，但現在雲卻把太陽遮住了！你可以不停寫詩去歌頌這帶著精美銀邊的雲，但你最終還是錯過了太陽。這就是業的本質。也許它看起來已經美得不能再美了，但它遮蔽了創造的源頭。業的某些層面可能是美好的，但可別把創造這種美好的源頭給忘了。這個源頭雖然什麼都不是，但隱含的卻是一種天大的可能：**成為一切的可能性**。

靈性練習①

每一個克里亞都需要經過啟引，但有一個我提供的克里亞不需要啟引，它就是 Isha 克里亞（Isha Kriya）。Isha 克里亞是一個簡單的日常練習，可以增強健康、活力，以及精神和物質上的幸福感，它提供了一種應對現代生活繁忙節奏的方法，賦予我們力量去開發生命的全部潛能，並且提醒我們，我們不僅僅是自己的身體，也不僅僅是自己的頭腦。有興趣去探索這三階段練習的人，可以在薩古魯應用程式中（isha.sadhguru.org/app）找到它。

◆業和三身協調一致

常常有人問我，身為一個古魯，我要傳達的訊息是什麼。

這讓我感到好笑，因為我什麼訊息都沒有。我會這麼對大家說：你不是在跟我學習，我沒有什麼可教的，我只需要你把自己丟掉！我想邀請你進入的地方是無邊無際的「無知」，古人稱之為開悟，而抵達那裡的唯一方法就是把你自己丟掉，除此之外，別無他法。

教言無法讓你順利通過人生中許多險惡的業障。那幅業牆就像一片片的玻璃板，假如它們像磚牆一樣，你就可以看到它們，就可以打破它們。但玻璃的問題是，一切看起來是開放的，但當你試圖跟外界接觸時，才發現你被關在裡面。

一個教言經過一段時間後就會變成阻礙，你會為了自己的方便而將它扭曲，世界各地都有人這麼做過。剛開始，某個教言會對你有作用，因為它是新的，而且你摸不清它是怎麼運作的，但經過一段時間後，你就開始扭曲它來方便自己。你會拿教言來支持自己，但這適得其反，因為教言的目的不在支持你，而在毀掉你。

一旦教言變成自利自便的源頭時，這就不太好了。古魯會從許多看似矛盾的不同維度來說話，目的是不讓你定於任何一處。因為一旦你安頓下來，就會開始把教言用在對你有利的地方。

這也是為什麼古魯總會提供一個以能量為基礎的練習。光是每日做一個克里亞的練習，亦即每天早上以某種方式安坐和呼吸，就可以重挫這些業的障礙；就算你沒把教言全搞懂也沒關係，只要堅持練習，一段時間後，你會發現內在有了一種新的開闊與自由，而它就是你可以永遠倚靠的基礎。

在能量身層次的練習，在於將你的能量整個回收。在回收過程中，它會帶回許多的衝動、強迫性的行為模式、心理習慣及情緒漩渦。這是不可避免的，也沒有什麼好害怕的，這就是我們所說的業。當你開始培養自己的能量來開啟一個不同維度時，業的淨化是必然的。

這是因為整個業的結構正在某種程度地被拆解。持之以恆的修練，目的是把已燒製的陶罐還原至燒製前純粹的陶土。你將習慣和傾向，從那像結了霜一樣的狀態，融化為純粹的能量。唯有當你的能量變得如此有流動性時，才有辦法坐下來冥想。這是因為你現在已經變成純粹的生命，不再是一堆念頭和印象，此時的你處於一種對恩典具有領受力的狀態。

記住：靈性進程沒有功用性可言。你利用不了它，但你可以被它轉化。轉化的意思是，你丟掉原先的樣貌，並且完全心甘情願地接受新樣貌。這就像是你還原成一個未經燒製的陶罐，雖然你再也無法裝滿著水，但做為純粹的陶土，你能夠呈現出無數種樣貌。

印度有個家喻戶曉的民間故事，述說的是蘇妮（Sohni）和馬希瓦（Mahiwal）的不朽愛情。每天晚上，出生於陶工家庭的蘇妮都會用一個陶罐漂浮過河去見被禁止交往的情人馬希瓦。她的嫂子想破壞這段地下戀情，有天晚上拿了一個未經燒製的陶罐偷偷換掉她使用的陶罐，於是陶罐在蘇妮過河時不可避免地融化了，蘇妮被漩渦吞沒，這個愛情故事最後以悲劇收場。

無論如何想方設法，愛或靈性進程永遠都不會變得功用性，它們純粹是生命之美的一部分。在你試圖利用愛或靈性進程的那一刻，就會發現兩手空空；當你想把愛或靈性進程具體化時，最後得到的會是一段婚姻或一個宗教。你也許可以從中獲得許多其他的東西，例如房子、家、神或天堂，但卻失去了生命豐盛勃發的活力。當你試圖把一個內在經驗體制化時，最終有的只是一個機構！

一旦你的能量開始上升，就會發現不管是內在或外在，你的人生似乎在突然間變得大小事不斷，這時千萬不能猶豫，要繼續全力練習。瑜伽克里亞所設計建構的方式，讓它絕對不會對你造成任何傷害。

如同我們先前提到的，有時肉身和能量身會不相稱（參見第七章）。假設你有一部小車子，卻安裝著一個強大引擎，這可能會是個災難——這部車子會散架，不是因為引擎不好，而是因為引擎太好。同樣的，如果你的能量身大幅提升，而肉身沒有同時提升或你沒有處理好業質，那麼可能總有一個會崩解，不是這個就是另一個。

因此，想要提升能量身的任何嘗試，都必須同時有其他層次的練習來配合。在開始接受力量強大的克里亞啟引之前，先要經過一定嚴格的靈性練習，沒有身體上的練習，就無法完全體驗克里亞的深度和強度。

此外，在準備接受力量強大的克里亞啟引時，練習者的頭腦也必須準備好。他們必須擴大自己的身分認同，或是增廣對自己是誰的理解。當他們被提醒：他們的回應能力遍及整個宇宙（不僅僅是一個家庭和社群）；這種包容性的投入比揀擇性的投入更不容易造成糾纏；他們不只是自己孩子的父母，還是整個世界的父母，這個時候，業的結構就會明顯鬆動，也就能容納得下能量身相當程度的擴展。

如果能量身擴展時，但業質卻還在你身上文風不動，你可能會有被撕裂的感覺，而生活也可能會嚴重被打亂。如果你承受不了，那麼提升能量身就沒有什麼意義。因此，理想的狀況是去擴展業的結構，讓它在我們進行克里亞瑜伽時，能夠承受得住能量身提高的強度。

◆當我的能量達至顛峰時

能量轉化如何表現在身體上，關於這點我有直接的親身體驗。二十五歲那年，在南印度邁索爾縣（Mysore）的一座山丘上，當我第一次經歷到超越身心感官的生命體驗時，我完全不知道這是怎麼一回事。

在那之後，事情開始迅速改變。大部分是內在的改變，但也有每個人都看得出來的外在改變，例如我的聲音變了，音色和音質明顯不同；我的眼神變了，甚至連我眼睛的形狀似乎都不一樣了；我走路的樣子完全不同，我試著恢復以前的步態，但沒成功；我身體的形狀變了，而且我絕對相信我腦袋的形狀也變了。

在人類系統中，脈輪（chakras，或稱能量中心）的重新校正可以產生驚人的結果。能量介入可以完全改寫系統，並且改變遺傳、演化和元素記憶的影響。正是這些記憶維度，在許多方面無意識地限制了我們，因此要擺脫它們的影響，或學會在必要時與它們隔開來，是瑜伽修練中一個非常重要的層面。

靈性練習②

根據所累積業的多寡和種類，你發展出了某些習氣，讓你朝著某些方向前進，從而吸引某些人生情境和人物來到你身邊。

如果你發現自己總是吸引不對的人，或者總是招來不悅的情境，那麼就先停下來，退後一步，看看如何重寫這個在無意識中被寫入你身上的軟體。

這種情況就像：開車時，車子失去了控制，你會做的第一件事是什麼？也許你冒出的第一個念頭是把這部車子送給你的敵人！但在這個誘人的想法閃過之後，你做的第一件事就是踩剎車，把車子停下來，不是嗎？你的人生也是如此。當事情莫名地失去控制後，你必須把引擎關掉一段時間。

把整個思想、情緒和行動的機器暫停下來一小段時間，僅僅是停下來，然後朝內關注你的內在一小段時間。這個動作，就會讓事情有所不同。你會發現，事情會自行修正。

除此之外，你什麼都不用做。你用不著祈求神明介入，用不著呼喚天使的幫助或星星的指引，你只需要暫停。在這之後，你會發現身體和頭腦的運作出奇地好，這純粹是因為你給了你的系統必要的時間，讓它可以按照它想要的方式來自我修正和重寫。

◆神聖空間和業的快進

能量介入有許多種可能的方式。一種是在大師指導下修練克里亞瑜伽，另一種則是單純住在一個充滿能量、以特別方式聖化的地方。

全世界有許多被加持過的聖地，梵文稱之為 teertha 的這些能量中心，就像是召喚探求者前來安坐及浸淫於其中的邀請。這就像把一塊髒布浸泡在洗潔劑裡一樣，浸泡在這些聖地的能量裡，可以去除你沒覺知到的業垢。

無數神祕家所留下的強大靈性財富，遍布南印度的維靈吉瑞山（the Velliangiri Mountain），而位於哥印拜陀（Coimbatore）的 Isha 瑜伽中心，便是坐落在這片壯麗山巒的山腳處，為靈性成長提供了巨大的可能性，而中心本身在經過強大的聖化後，可以加速業的進程。

要利用這樣的地方，不需要抱持任何信仰。人們不用把我當成他們的古魯也能利用它，甚至那些對我有意見的人也不會被拒之門外！如果知道如何利用這個空間，靈性成長所需的一切就已具足。我鼓勵世界各地的人都來體驗這種可能性。這個地方充滿了能量，是那種會被人們視為奇蹟的轉化，也可能發生的地方。你需要做的，就只是閉上眼睛，坐在裡面，充分去體驗它。

身為古魯，我常常被問到，為什麼我不展現奇蹟。我的回答是，我們始終就被奇蹟包圍著：你踩踏的土地把自己轉化為鮮花和水果，花把汙穢轉化為芬芳，時間把石頭轉化為鑽石。我，這個奇蹟，和我要在地球上顯現的奇蹟，就是讓人們可以參與和投入這個世界，同時又不被這個世界所沾染，而今天在我身邊的許多人，就是這個奇蹟的體現。對我來說，這才是唯一有意義的奇蹟。

世界各地有許多地方，其巨大的靈性力量是以一個特定的形相或聖所為中心，而 Isha 瑜伽中心有迪阿納靈伽和靈伽貝拉維（Linga Bhairavi）做為強大的能量中心。

然而，更不尋常的是，Isha 瑜伽中心的整個空間都充滿了靈性能量，原因之一是有多個聖化過的神殿遍布整個園區；其次，周圍山區住過許多神祕家，他們的願力和心意就是讓這個恩典能對所有人敞開。我有幸能在這片因為他們的存在而被聖化的土地上，建造了這個中心。

不同的高能量空間，提供不同的可能性。但在 Isha 瑜伽中心，我們確保唯一的可能性就是加速業的進程和靈性進程，其餘都無關緊要。世界上有許多搏動著原始能量的地方，但 Isha 瑜伽中心的能量經過特別校準，以幫助你在靈性道路上的每一步。

一旦一個地方的能量以一定的強度被設定在某個方向，就什麼都無法逃過它的影響，附近的生靈有意識或無意識地都會朝著它移動。這跟教言沒有關係，不過就是生命對自身的渴望。

某些地理環境確實可以加速業的進程，但別期望它一直都是愉快的，在快速旋轉的循環中，有時候會充滿挑戰。然而，當你發現自己從業的循環本質中解脫出來，從不斷舊戲重演的可怕窠臼中脫身時，一切的努力都值得了。

對解脫（mukti）的渴望，並不是因為人生是悲慘的。當你悲慘時，你渴望的是天堂，而不是解脫。唯有在你活得很好時，對解脫的渴望才會生起，因為這時的你會自然而然地想進化到下一個維度，不想一遍遍地重複同樣循環的膩煩。

◆業與新生兒的能量身

從一個新生兒身上可以看出許多事情，許多人會注意到有些嬰兒眼睛明亮、善於觀察，有些嬰兒比較安靜，有些比較好動，有些則沒那麼好動。按照印度的傳統，在孩子出生後的十一天內，父母通常會帶著新生兒去給瑜伽士或有預知能力的人賜福，這是因為業質在這個階段仍然是流動的，在孩子個性開始定型之前，父母想為孩子求得一個賜福，好讓他的人生旅程事事順利、沒有波折。

事實上，在出生之前，業的旅程就已經開始了。受孕後的四十至四十八天，業的質地會開始收緊，就像個發條彈簧。根據過去的信息、身體的強健度、父母的本質、受孕的類型，以及種種其他因素，業質會選擇一定量的信息捲進收緊的發條彈簧裡。

透過觀察一個人業質的張力，我通常可以推算出這個人出生的時間，以及這個人大概的死亡時間。當然，由於有發生意外或不小心對身體造成傷害的可能，因此並非每個人都可以處理掉自己的分業。不過，除非發生意外，多數人業的彈簧都會以一定的速度鬆開。

那些能夠安靜坐著不動的人，會發現自己的業鬆開得很快，而活動多的人則會累積新業，因此業鬆開的過程就比較慢。儘管如此，業的彈簧仍持續在鬆開。因此，如果一個人過的是標準的生活，就有可能估算出這個人業的旅程將會持續多久。當然，如果這個人遇到了古魯，這些預測就不準了。有了靈性導師的介入，必要時，業的釋放可以很快速。

◆老化與死亡

在人生的終點，當分業快消融完時，能量身會開始變得衰弱，肉身也因此越來越虛弱，此時能量身抓住肉身的能力也就跟著衰退了。在信息耗盡之際，人生慢慢走到盡頭，肉體的生命開始失去了它的強度。

這就是為什麼你可能會注意到，即使是一個以物質生活為重的人，在臨終前的最後幾天似乎也帶著一種超脫的氛圍，散發著平靜、成熟及智慧。這種人比較不會對人產生執著心，也很少受到外在情境的影響。

當能量身變得衰弱時，會從身體滑出來，這就是我們所謂的老化而死，而醫生肯定會把這種情形診斷為某種器官衰竭。但事實上，這只是因為能量身衰弱而滑出了身體。這是理想的死法，因為你不是被強迫離開肉身，而是自自然然地離開，這是一種好的走法。

話說回來，你清空分業的速度有多快，取決於你願意用多快的速度從生命的一個層面進展到另一個層面。如果到了八十歲，你還認為應該像十八歲時那樣行事，可就麻煩了，你會非自然地死亡，因為就算活到一百歲，你的肉身會崩壞，但你業的信息不會。

如果有人的分業沒有解決掉，而肉身卻因為某種原因毀壞了，比如車禍身亡、酗酒致死或染上致命疾病等等，但他的業還在，同樣多的分業也還在，這意味著他的個體性仍然很強烈。這樣一個失去身體的存在，就是俗稱的鬼。他的分業和能量身仍然很旺盛，卻沒有一個肉身可以提供支持，這個時候，他頭腦的智力和自決力也沒了，只留下一堆的習氣。

此時這種生靈的存在，不是以自決力或有意識的意志為基礎，而是以其傾向為基礎，他被自己的傾向使喚來使喚去，完全無法自己作主。由於他只能受傾向所支配，業的消解就會花上更長的時間。

基本上，這意味著如果你的運作是無意識的，你的業會絕對地控制你，只要你的運作帶著一些覺知，業對你生命的控制就會減弱。失去肉身的生命沒有自決力，因此完全受到業的支配，如果你的內在有愉悅的業，愉悅感會加倍；反之，如果你內在有不悅的業，不悅感也會放大。許多傳統中所謂的天堂和地獄，指的就是這些內在情境。

這就是為什麼當你還具有肉身時，把業處理掉會如此重要。你十年內可以處理掉的業，在沒有肉身時可能要花上百年才會處理完。

甚至在今天，你也正受到傾向的推動與拉扯，這也是**責任**一詞為何如此重要的原因。你有責任在人生的每一刻行使選擇權：是跟隨你的傾向，或做出有意識的決定。如果你帶著這種責任感活著，你的傾向就不會支配你，你的未來就不會是過去的翻版。

世界上有許多對鬼這個概念的懼怕，由於他們的分業仍然很強，比較敏感的人可能可以在一段時間內，仍較強烈地感覺到他們的存在。但他們的存在其實沒有什麼好怕的，不妨把鬼想成是像你一樣的人，只不過對方恰好失去肉身而已；也可以反過來想，你也是鬼，是一個擁有肉身的鬼，區別不大，真的！如你所知，有肉身的鬼可以造成很大的傷害，而沒有肉身的鬼本領就差多了。

◆業和記憶力喪失

現代醫學延長了人類的壽命，讓我們能活得比上一代的人所想像的還要長。這是件好事，只不過延長肉身的壽命、但沒有照顧到業的質地，是一種失衡的發展。我們今天對生物化學有了一定程度的掌握，有能力利用藥物和外科手術來延長壽命，但問題是，現代醫學對業一無所知。

這就是失智老人越來越多的原因之一。硬體是強化了，但軟體卻付之闕如。以電腦為例，這就像是有一台「白痴」電腦，徒有物質的配備，但沒有運作的功能。醫學的進步不容輕蔑，而且確實成果豐碩。然而，沒有新的業質，身體就只是一具空殼，就算你替換心臟、腎臟、髖骨、肩膀、手肘，把肉身每個可以活動的部位都換掉，製造出一個全新的生化人，沒有業，這樣的人還是運作不了。

如果我們在追求外在科學技術的同時，也能追求內在的幸福，就比較不會出現問題。然而，在沒有找到觸及非物質維度的途徑前，就去強化物質層面，這才是根本問題。

題所在。

一旦知道如何打開累業的庫房，你將有能力產生比實際需要的還要多的軟體，就算你的肉身活上一千年，你也不會失去心智，因為有足夠的軟體在維持它。

如果你培養靈性生活，那麼你還有另一個選擇。一旦你的軟體開始減少，你會擁有自由和平衡，知道何時該捨棄你的硬體。換言之，你會知道何時離開及如何離開肉身，你會在被趕出去之前就先離開。

◆三摩地：抵達顛峰

對於瑜伽行者來說，當練習強度增加時，能量會開始往上移動。這時，能量與肉身的接觸會降到最低，如果突破某個臨界點，就能到達所謂的三摩地（samadhi）。

三摩意思是無分別心的，而**地**指的是智力。當你到達一個完全無分別心的智力狀態時，亦即不再有**我**和**他**、**這個**和**那個**、**這裡**和**那裡**等概念時，你就抵達三摩地的境界了。鏡子只是映照出一切，不沾染一塵，也不會有任何殘留，對於所映照的東西，鏡子從來不做任何評判，也不會去區分愉快或不愉快、美或醜。一旦你的頭腦變成這樣時，你就處於三摩地的狀態了。當所有區別都消失時，生命能量就不再依附於肉身，並開始從肉身中脫離出來。

如果長期保持這種狀態，你很可能會從肉身滑出來。這就是為什麼處於這些狀態中的人，在靈性團體中都會受到保護，而這種保護是必要的，因為即便最輕微的晃動或針刺，都有可能讓這些人永遠離開自己的肉身。他們是如此臨界於邊緣，與肉身的連結如此脆弱，以至於非常有可能永遠離開肉身。

雖然許多人在這種狀態下離開肉身，但也有一些瑜伽士想要不離開肉身又能體驗脫離肉身的自由。當我需要進行某種能量工作時，就需要這種平衡。為了聖化迪阿納靈伽，我身邊需要有那種同時高度活躍又具有冥想品質的人，但具有這種組合的人很少，因為當能量扎根於肉身時，你適合生存而不是轉化；而當你的能量與肉身的連結降到最低時，你可以快速轉化，但對生存卻是有風險的。

當能量與肉身的連結最少時，是什麼讓轉化變得如此快速？

本質上，這是因為能量變得非常容易流動，此時的你可以輕鬆地從一個維度進入到另一個維度。這就像是我先前提到的陶罐例子，陶罐一經燒製就會定型，業也是如此。業深深地刻印在身體、頭腦和能量層次，會以百萬種不同方式不斷地顯化出來，它到處都有備份系統。因此，如果你要把陶罐還原成未燒製前的樣子，讓它再度成為一團可捏塑的陶土，就得進行某種高強度的能量工作。

在聖化迪阿納靈伽期間，我們之中有些人與肉身的連結少得幾乎就像還原成純粹的陶土一樣。這個時候你有許多選擇，你可以把原先的十個陶罐變成一個大罐，也可以把同樣的陶土做成二十五個陶罐！所以當能量具有如此高的可塑性和流動性時，就不再固定於一個特定的形狀，它可以有幾種轉化和創造的可能性。

瑜伽士的終極目標是摩訶三摩地（Mahasamadhi），也就是有限身分的終極消融。這意味著自願放棄肉身、心智身及能量身，但它並沒有任何否定生命的意思，反而是為了追求無限而放棄有限。你可以這麼想：與其坐在海灘上，不如選擇成為大海。這樣的選擇，是從有限的愉悅走向無邊無際存在的那深不可測的狂喜。

成就高的瑜伽士會消除自己大部分業的包袱，只留下可以在臨終前解決的少量業。不過，也有瑜伽士走的是愛和奉獻之道（bhakti），他們透過強烈的情感就能離開。這種人沒有消融所有的業，事實上，他們的渴望就是一種深刻的業，但強烈的情感讓他們得以與自己的業保持距離。

當這樣一個人達到摩訶三摩地時，業的結構會持續一段時間，但裡面沒有以太身或極樂身，就像是一個空殼子，這個業殼本身會隨著時間而崩解，雖然有時它需要被打破來加速這個過程。

◆阿瓦杜塔：喜樂的生命

瑜伽的目的，是開啟你內在各種**非你**（not you）的空間。一開始，這些非你的空間可能只有一丁點大，但慢慢的，隨著你以練習來滋養它，或者你開始清理業的殘片，這個空間會開始擴大，而且總有一天，這個空間會把你的內在全部占滿。

到了這個時候，我們可以說你已經真正具有冥想品質了。當二元性之舞不再影響你時，你就處於無分別心的狀態，也就是三摩地的狀態。你可以隨你所願地去玩外在遊戲，不玩時，你的內在也是美好的，就如你原本的樣子。你不再認同於「我和你」的這種遊戲。

那些將自己有限的身分認同徹底放下，以至於無法在外在世界正常運作的人，在梵文中稱為阿瓦杜塔（avadhuta）。阿瓦杜塔是神祕家，他們的境界遠遠超出世俗的意識，完全變得像個小孩，有時甚至被認為是瘋子。他們把智力徹底放下，以至於不知道如何在外面世界生存，需要有人照顧。

這些內在狀態也許不會永遠持續下去，但確實會持續一段時間，有時甚至可以持續好幾年。雖然這些都是喜樂和美好的狀態，但社會環境必須能夠護持處於這些狀態的人，因為他們無法照顧自己。傳統上，這類的人在印度會受到讚揚，而印度各地一直都有阿瓦杜塔，他們是美妙的生命，離世後數百年仍持續受人敬仰。

短時間內，處於這些狀態是有益的，這有點像是打掃你業的最底層結構。需要非常大的覺知才能深入自己的內在進行清理，但如果是處於這種狀態，要進入最底層會非常容易。阿瓦杜塔總是處於喜樂的狀態，他們沒有業、沒有束縛，所有一切都會被自然而然地清理。瑜伽士有時會停留在這種狀態一段時間，因為這是獲得解脫的最快速捷徑。

然而，在離開肉身之際，瑜伽士會從這種狀態中出來，這是因為捨棄肉身需要覺知。關鍵在於，在有意識的狀態下離開肉身，不要添加新業。

◆打破業的泡沫後繼續保住肉身

開悟的人如何存活？在打破業的泡沫之後，還有可能保住肉身嗎？消融掉所有業之後，是否還可能活著？

是有可能的，但要精心策畫。由於開悟者不再有業的足跡，因此很難保住肉身。不過，瑜伽士有各種保住肉身的技巧，其中之一是有意識地製造業，自古以來許多神祕家都這麼做過。否則，一旦業的泡沫破滅，離開肉身的誘惑會非常強大。

不同的瑜伽士創造出來的方法也不同。許多瑜伽士持續保有某些簡單的、有意識的執著，不是對靈性使命的執著，就是對食物的執著。這些都是簡單的欲望，他們隨時可以放下，但身邊的人往往對他們的行為大感不解：一個靈性成就這麼高的人，怎麼會執著於這麼世俗的東西呢？然而，他們通常是為了保住肉身而有意識地製造業。

在聖化迪阿納靈伽後不久，我的能量身嚴重受損，經過高強度的恣意使用後，那時它無論如何都無法繼續存活。從醫學上來說，我就是一個行走的災難，腫塊會出現在身體的不同部位，但十天後又都消失不見。有一次我去驗血時，醫生還診斷我得了各種稀奇古怪的毛病，但一個月後病症全不見了。我在盡全力修復能量身的同時，也尋求現代醫學的診斷，以了解肉身損壞的程度。

到了這個時候，如果我沒有把能量身連上另一個生命的能量系統，就不可能保住性命。我很少談到這些細節，因為聽起來像是神話故事。現在我在這裡提起，是為了讓各位認知到能量身的整個科學有多麼精深複雜。

就存在來說，一個存在的生命跟另一個存在的生命並沒有任何區別，但就身體和頭腦方面來說，當然是分開的。把自己和另一個生命透過能量連結在一起，可以為自己創造出一個維持生命的系統。我就是這麼做的，直到我把自己的肉身修復好，這花了我很長一段時間，因為在這段期間我始終都非常忙碌。

把自己的生命能量跟他人的生命能量交融在一起，是一種延長壽命或避過某些業劫的方法。例如，我清楚地知道在二〇〇五年的上半年，我的右肩會遭受重傷，而且不是能小心點就避開的傷害，可以說是在劫難逃。然而，藉由混合我的能量身跟他人的能量身，我騙過了業的運作，而逃過一劫。

如果知道方法，要保有人類身體很長一段時間是有可能的。東方有很多瑜伽士活了好幾百年的故事，雖然這些故事在今天被譏為誇張而遭到忽視，但有一門真實的、神祕的長壽科學可以讓它成為可能。但問題是，為什麼要無緣無故地延長人類的壽命呢？延長壽命需要對生命能量加以大量的操控，而這些操控會導致業的生成。因此，除非有什麼特別的理由，否則不建議在這種層次上干涉生命。

以下是一則著名的故事：一個神祕家坐在恆河邊上冥想，有一天洪水氾濫，他還是繼續動也不動地冥想，最後被埋在地底下。六個月後，有人在犁地時意外地打到了他的頭，他的頭受傷並開始流血，農民們大吃一驚後繼續往下挖，終於發現了這個正在冥想的瑜伽士，而這個瑜伽士若無其事地站起來走開了。

這個瑜伽士在地底下「冬眠」，他處在一個不同的意識狀態以延長壽命。他知道肉身的終期已到，但自己還有一些業的束縛未了，他不想等到下輩子再回來解決他的業。因此，他決定把壽命延長一段時間，以便一勞永逸地完結自己的分業。

◆能量療癒系統

能量療癒系統在當今世界變得非常流行，而我對這個療癒系統的看法非常明確。雖然幫助他人的意圖值得讚揚，但只是學會用手上的一點能量就認為可以療癒他人，這是非常幼稚的想法。

大多數人沒有意識到的是，當你進行能量療癒時，只是在緩和業的效應，你並沒有能力去除業因。如果你只是去除效應，那麼業因就會以其他方式來產生別的效應。

比方說某人患有哮喘，這是他的業。身為一名能量療癒者，你把手放在他身上，或許可以成功地除去哮喘，雖然現在哮喘沒了，但業因還在，它可能以其他方式顯現，例如一場意外事故或心臟病發作。因此，永遠不要試圖去除症狀，症狀只是問題的表徵，只是把表徵抹去，只會讓問題的種子以其他方式顯現。

例如身體疼痛，代表某個地方出問題了。疼痛提供你機會，讓你去注意自己的系統，去檢查究竟哪裡有毛病。但如果你只是服用止痛藥而沒有處理病因，疾病的主因就會繼續滋長，總有一天會對你發動更猛烈的攻擊。

除去業因的唯一方法，就是讓你的系統去承擔它。有一段時間我就是這麼做的，當時我想要他們跟我一起做高強度能量工作的那些人陷入了某些循環中，就在那兩年我病得很重。前一天我出現了某種疾病，第二天又完全沒事；前一秒我人還好好的，下一秒我就病到大家以為我快死了。這些波動之所以會發生，純粹是因為我大肆揮霍自己的生命能量，好為這個能量工作打造出一定的基礎。

但今天，只有在極少數的情況下我才會這麼做。只有在看到對方已經放下所有的身分認同，只剩下一些微小的、瑣碎的業的問題時，我才會介入。這種介入只是在他們邁向目標時提供必要的一臂之力，除此之外，身為古魯的我從來不去干預業的進程，我只是幫忙加快速度而已。

我跟無數自稱能量療癒者的人說過能量工作的危險性，許多人在仔細衡量後便放棄了，而認為這工作有利可圖的人則繼續做下去。如果你提供病人的是心理上的慰藉，那就沒關係，但如果你療癒他們，讓患者的疾病真的消失，這就危險了。

我請能量療癒者去觀察他們治療過的患者，而他們將會發現，在未來六個月至兩年半內，這些患者的生活會出現其他的動盪，而且還不只這樣。如果第一個新動盪出現在前八個月，那麼下一個就會發生在接下來的三年內；如果在未來三年內出現第二個動盪，那麼下一個動盪就會出現在五年至五年半內。如果去留意這些日期，你會發現這些動盪出現的時間幾乎像數學一樣準確。但是，如果第一個新動盪出現在前三個月，那麼在接下來的三年內，它會迅速化解掉。

這些動盪有各種各樣的模式。當我遇到一個正在經歷某種動盪的人時，我不難知道什麼時候他會再遭遇劇變。當然，我不會開口預言他的厄運，反而會這麼說：「你為什麼不做做冥想呢？」「你為什麼不做做哈達瑜伽呢？」如果你做某些靈性練習，就可以從內部去處理問題，把它對你的影響降到最低。

同時，你還會發現，如果你試圖以能量來療癒他人，那麼九至十一個月內會有極大的痛苦降臨到你身上，這種痛苦不一定是身體上的災難，也有可能是心理上的。如果你的心態處於絕對的無分別心，也就是所謂的「大難臨頭，也沒關係」，那麼你就繼續去治療病人吧。只不過別忘了，你也是在催生別人的災禍！

此外，你在別人身上看到的痛楚，有時也可能是幫助他們成長的燃料。遺憾的是，直至痛楚降臨之前，許多人一直過著輕狂膚淺的生活。別以為你減輕了他們的痛楚就一定是在幫他們，相反的，你應該做的，是幫助他們超越它。

你能夠提供他人的最高指引，就是幫助他們超越自身的痛苦。這就是自古以來那些偉大的聖人和神祕家所做的，他們提醒世人痛苦是有出路的，就算面對痛楚也不一定要受苦。能夠看出這個差別，才是人類至高無上的成就。

這聽起來似乎冷酷無情，但這確實是你能為別人做的最好的事。為什麼？因為你給他們的不是暫時的紓解，而是永久的解決方案。

許多修行人會獲得一些小本領，例如治病或預測未來的能力，但這些對靈性並沒有任何意義。在我帶領的高階冥想課程中，有些人能夠獲得梵文稱為悉地（siddhi）

的某些超能力，然而一旦被我發現，我會馬上把這些能力推回去，就算這麼做會干擾到對方的成長軌跡。

身為古魯，我並不贊同悉地，我會摧毀它們。我對奇蹟不感興趣，我之所以會馬上制止這種能力，是因為如果一個人獲得了這些能力，就不會再繼續走靈性道路，而是開設自己的馬戲團，想著名利兼收，把這變成一門生意。

不要試圖變成宇宙能量的經銷商，不要試圖變成一個創造奇蹟的人。我唯一的目的，是幫助你認識一個真相：你就是生命的奇蹟。除此之外，其他一切都只是紛擾。

靈性練習③

以下非常重要：盡可能地經常提醒自己，你認為是「你」的所有一切，都只是你取得的身分。

練習這個認知的一個簡單方法就是：每晚就寢前，讓你的身體筋疲力盡，這樣你一定能睡得好、睡得沉。許多關於你自己的多餘想法將會消失，所以這樣的睡眠也可以帶來業的更新。

不過，還有一個更有覺知的練習可以做。每晚坐在床上，最好是盤腿而坐，然後閉上眼睛。接著提醒自己：所有記憶都是積累的。關於你的一切，包括國籍、種族、宗教，以及你所有的愛或恨、喜歡或討厭的關係，都是獲取而來的。

慢慢的、溫和的，開始放下任何與你有關的東西。這可能意味著你要把人及物質財產放一邊，並提醒自己，就連你的身體也是一種累積。

想像你臨終時躺在床上，兩分鐘內就會死去。拋開與你無關的所有「非你」，包括感覺、思想和情感。現在，把睡眠當成是即將到來的死亡。一開始，你也許會生起恐懼和掙扎，但這樣的感覺會過去。讓你的身體坐著，然後閉上眼睛向後躺下，就這樣進入睡眠。

每個晚上如果都能這樣練習，那麼每個晚上你都可以消去大量的業。如果你像死亡般入睡，你會看見自己的業幾乎對你沒有任何影響。隨著時間推移，你會發現你正在擺脫那些強迫性的行為，轉變為一個有意識的存在。

每一天，你都會重獲新生。

PART 3

給讀者的話

這個部分是為了那些讀完全書但仍有疑問的人而寫的。第一部和第二部，我提供的是對業的全面說明，但身為古魯已久，我知道在漫長的旅程即將結束時，問題往往會浮現。

這個部分也是為了那些對前面內容還有絲毫疑慮的人，或是因為好奇心而想一探究竟的人而寫。如果說，第一部和第二部的內容是關於什麼是業和如何消業，那麼第三部的內容就是「但是」及「為什麼」。頭腦會生出問題：「但是，這究竟是如何運作的？」「但是，這到底意味著什麼？」情感也有它的問題：「為什麼會發生這種事？」「為什麼如此難以接受？」

提出這些問題的人不是吹毛求疵，也不是性好猜疑。業與人類的處境，兩者之間的關係太密切了，以至於它從來不只是一種心理遊戲。相反的，這些才是真正的探求者——試圖對這些資料做更深入、更充分吸收及內化的人——才會提出的問題。

然而，太陽底下沒有新鮮事。自古以來，人類就在與同樣問題的不同版本纏鬥。因此，你極可能會發現你的問題和疑慮，會在接下來的內容中得到解答。

不過，如果在讀完這個部分後，你的問題還是沒有解決，也沒有關係。這本書要做的，是激發你的求知欲，而不是徹底滿足你；這本書要做的，是對業的探索，而不是提供現成的結論。在這本書的尾聲，如果發現問題還在你的內在翻攪，這就說明了你修習瑜伽的時候到了。因為在自我驗證的實驗室中，每一個問題都得到了它非言傳的答案。

這正是本書最核心的邀請：邀請你從讀者變成探求者。

關於業的問與答

第十經：就存在法則來說，沒有好與壞、沒有罪與罰，就只是每個行為都有後果。

問：薩古魯，你說我們的人生完全是我們自己造成的，那我就有個想不通的問題了。比方說，當我讀到一篇小女孩被強暴的新聞報導時，我真的可以說她是罪有應得，這是她的業嗎？

答：這不是她的業，是我們的業。

問：怎麼說？

答：這是我們的業。業的意思不是上帝高高在上懲罰壞人和獎賞好人，沒這回事。但我們生活在什麼樣的社會，這難道不是我們的共業嗎？置身事外地看著我們生活的社會發生如此駭人聽聞的事，這不是我們的業嗎？如果對於所有發生在周遭的暴行，所有人心中都沒有一點人性的話，這就是我們的業。有這樣的社會是我們自食其果，所以別以為這是她的業，要把這視為你的業，因為不作為也是業。

你會問這個問題，是因為你讀了這篇令人不安的新聞報導，但如果你家裡有小女孩，你難道不會盡一切力量去確保她得到保護嗎？然而，這代表她的安全得到保障嗎？未必，不過你可以盡全力保護她，這就是我們必須為整個社會做的，為每個小女孩做的，不管她身在何處，而且這並非不可能做到。在許多方面，我們已經把共同的命運掌握在自己手中了。

舉個簡單的例子。印度雨季洪水氾濫時，人們現在會要求各自的市政機關要負起責任。這是因為大家視洪災為共業，而不僅僅是神的作為。他們要求採取必要的措施，來保障所有市民的安全。

再舉個例子。一九四七年，印度人的平均壽命是二十八歲，而今天是七十四歲。現代人之所以比較長壽，是因為我們採取了一些行動，包括社會和國家做了某些有利於提高人民壽命的好事。這難道不是我們的共業嗎？因為這些措施，我們才得以安樂。

世界上還有其他領域是我們一向忽視的，比如你提到的婦女和兒童的安全，對此我們也有責任。如果有共同的意願，我們可以為許多事情帶來一定的秩序。萬眾齊心協力，事情就會大有改觀，但是，如果把這一切都歸於上天的旨意，事情就永遠都是老樣子。

無論能否感知到你是如何塑造共業的，只要知道自己是業的創造者就行了。

如果你看得出這是你的業網，也看得出這是你造成的，那麼下一刻自然就會帶有意識。如果把自己的命運都歸因於他人，你就只會無意識地行動。然而，如果把自己視為業的創造者，這樣的認知就會形塑你思考、感覺和行動的方式。這個時候的你會了悟到，自己有能力去影響身邊許多人的生命。

但是要記住，你生起的每個念頭都會有其後果。別試圖去操縱後果，無論如何後果一定會發生，這不是你能控制的，但這整個過程都是你自己所做的。如果你把過程處理得好，結果就會好，這一點可以肯定。

問：我有個朋友出生時罹患小兒痲痺症而雙腿不良於行，這麼可怕的後果是什麼宿業造成的？

答：你又犯了把業解讀為賞罰系統的老毛病了。第一步是把業視為軟體，如此而已。

一百年前，世界各地有無數多的小孩和成人感染小兒痲痺症，但今天感染的人數大幅下降，因為我們在製造正確的業。什麼是正確的業？答案是：施打疫苗。遺憾的是，以前我們不知道接種疫苗的重要性，但無知也是我們的共業，幸好我們現在已採取相關的措施。

就存在法則來說，沒有好與壞、罪與罰，就只是每個行為都會有後果，而行為本身可能是有意或無意的。因此，當你採取任何行動時，唯一重要的問題是：你準備好去接受隨之而來的後果了嗎？如果你能夠愉快地接受任何後果，那就喜歡什麼就去做什麼。但是，如果你在乎後果，就必須有意識地行動。

假設你朋友酒後開車，你也在車上。萬一他不幸撞車，你可能也會受重傷。如果你說：「不公平，這是他的業，不是我的。」那就太荒謬了，因為跟一個酒駕朋友在一起就是你的業，這就是存在運作的方式。如果你順應這個法則，它必不會碾碎你，如果你違逆法則而行，它就會碾碎你。

你雙腿不良於行，或許是因為對小兒痲痺的無知，或者你剛好坐在酒駕朋友的車上，也或者是你不知道有重力這回事，從屋頂上跨步走出去而墜落……情況雖然不同，但後果基本上都是因為你在那個時間點出現在錯誤的地方。我們是怎麼被傳染的？不就是出現在錯誤的環境，或者可以這樣說：一個對病毒來說是正確的環境，而對我們來說是錯誤的環境！

那麼，為何有些人偏偏會出現在錯誤的地方，而有些人卻不會呢？這可能聽起來殘酷又詭譎多變，但生命就是這麼運作的。你可能是個很棒的人、熱心公益，家人和朋友也都很愛你，但今天如果你吃錯食物，仍然會被病毒感染，病毒不會因為你是好人就放你一馬。現在是停止去想好和壞的時候了，目前這個地球上迫切需要的是明理的人，他們會做對生命來說是對的事情，也就是按照生命的道理來運作。

過去我們對疾病所知不多，無論是霍亂、瘟疫或小兒痲痺等許多疾病，我們不知道是如何感染的，也不知道如何治療。然後慢慢的，我們知道如何對治它們，但仍然還有其他疾病是力有未逮的。可悲的是，許多人已經因為我們的無知而付出代價，但至少我們正在努力做些事情來改變我們的共業。

我絕對沒有看輕你朋友的情況，但我想讓你看清的是，優勢和劣勢是比較來的。假設我們都沒有雙腿，你爬來爬去，我也爬來爬去，不會有人認為有問題。正是因為大部分的人都有腿，我們才會認為沒有腿的人會受苦。同樣的，如果大家都沒有眼睛，我們也不會認為看不見是個問題。只不過當你把自己與別人一比較，問題就來了，而這就是業。

不要再把注意力放在劣勢上面了。難道所有人都能夠做一模一樣的體力或腦力活動嗎？不是的，一定有些人可以多做一些，而有些人少做一些。再說就算有腿，很多人也不善於跑步。因此，從整個社會的角度來看，如果能夠創造一個不存在歧視的環境，或一個同情心不會過度氾濫的氛圍，就不會有問題了。如果你像對待自己那樣去對待朋友，對方就不會有事。不要拿自以為是的同情心來對待他，把對方當成你憐憫的對象。他做不了的事，你可以幫他，除此之外，只要像對待其他人一樣去對待他就可以了。

社會需要足夠成熟，才會知道如何對待身心障礙者。如果身心障礙者受到正常對待，他們的苦就會消失，因為他們的苦不是生理上的。疼痛是生理上的，但受苦完全是心理上的。比方說，你大可以因為無法像小羅納度（Ronaldinho）那樣踢足球，而坐在家裡掉眼淚；也可以認為自己身有殘疾、處於劣勢，但這實在很蠢，無論是對自己或別人都一樣。我們可以對有需要的人提供身體上的協助，但不要誇大他們的問題，讓他們覺得自己是受害者。

❀第十一經：當有意識的經驗中沒有業的印記時，每一個行為和經驗都會變得具有解脫力。

問：薩古魯，業是否意味著有前世？所以，我必須相信投胎轉世才能理解業嗎？

答：不用，沒有必要。如果有人談論前世，不要去管他。檢視自己的業時，你只要去看現實中束縛你的那些地方。從你的初始經驗下手，而你也只能從你目前所在的這一世下手，花費力氣從不在你經驗中的事物下手，會導致你的幻覺。

檢視從你出生那一刻到現在，你是以什麼方式在思考和感知。至少從你出生起，你可以看見自己過去的行為在許多方面支配著你，而你現在思考、感覺、理解和表達自己的方式，也將會影響你的未來。

不要再去談論那些不在你經驗範圍內的事情，否則你一生可能都會活在自我欺騙中。這些欺騙或許能讓你在晚宴上成為一個受歡迎的健談者，帶你度過一個夜晚，但無法帶你度過生與死！

假如我跟你說起你的前世，就只是給你一個故事、一個信念，而不是一個經驗。信念系統無法讓你成長，只能提供你慰藉或娛樂。如果我告訴你神會照顧你，也只是安慰你。安慰就像鎮靜劑，這意味著它只會讓你糾結得更深，而不會幫助你解脫。

十年前發生在你身上的事，你現在還在為此受苦！在這種狀態下，要是記得十輩子前發生的事，你一定會瘋掉！所以，臆測前世是沒有意義的，但也不要駁斥前世之說，你可以簡單地承認自己不知道。

就現在來說，你可以把所謂的「前世」，單純視為心的無意識記憶層。如果你冥想並取得更強的覺知，這些從內在支配你的層層無意識頭腦就會瓦解、消融。

佛陀曾經詳盡地描述過他的前世，其中包括他當動物的所有前世，一直上溯到單細胞生物的狀態。他的描述與達爾文的進化論在許多方面都極為類似，而你可以把這視為潛入無意識頭腦的一次最深層旅程。不用顯微鏡，佛陀能夠在他的意識中看到這一切，只因為他把注意力轉向內，而無數的瑜伽士也都這樣做過。

就信息面來說，知道前世的任何事情對你不會有幫助，但在更深的能量層次上，去經歷前世的經驗是有幫助的。檢視你的過去可以幫你更深入了解，是什麼構成了你稱之為「我」的那個人。

無意識頭腦有一層又一層的記憶，而業三耶摩（Karma Samyama）是我們Isha瑜伽中心的高階靈性課程，可以把一層層的無意識頭腦帶到意識表面，然後予以消融。任何具有業性的事物，唯有在明辨心起作用時才會被消融，如果你對它置之不理，它就會固化為習氣，而這些習氣無時無刻不在影響著你。

我知道現今有個以「前世回溯」（past-life regressions）為戲碼的盛大心理馬戲團正在上演，而這很大程度是幻覺。你要知道，心智是一種不可思議的工具，可以透過許多微妙的方式欺騙你。假設你發現鄰居的狗是你前世的丈夫，這對你有什麼幫助？無論你現在是走過去親牠或是拿石頭丟牠，不僅無濟於事，還很危險（如果你拿石頭丟牠，鄰居會找你麻煩，如果你走過去親牠，狗會找你麻煩）。

但從另一個的層面來看，如果你能把過去的記憶帶進你的經驗，那麼它就會成為一個幫助你解脫的方法。在三耶摩的課程中，沒有給你任何提示，也不會給你任何指導，只是這個過程透過提升你的覺知到一定的強度，讓一層又一層的過去浮現出來並自行消融，這個時候的你會擺脫掉一些衝動和習氣。

像這樣的過程還有另一個好處，它可以打破你的一些幻想。目前的你，認為你的人生就是由房子、配偶、孩子、工作所組成的，但如果更深入去看，發現自己活過許多世，有過許多配偶，生過幾十個孩子，而且還玩著老把戲——同樣的憤怒、同樣的嫉妒、同樣的仇恨、同樣的企圖心、同樣的愚昧無知——然後，每一世都抑鬱而終。一旦你把它看得清清楚楚，你現下的幻想就很容易被破除，而這是再多的教導都辦不到的。好好看看過往，會讓你覺得自己愚不可及。同樣的事情見得越多，吸引力就會越少；如果你看見自己總是一次又一次地上演同樣的模式，它們對你的驅迫力就會越來越弱。

如果你回溯數十個前世，就不會想要一次又一次地去經歷同樣的蠢事。一旦你知道生死之道只是一再的重複，就會尋求另一條道路——永存之道。沒有人真的想一遍遍重複冗長的、無意義的同樣過程。世間少有愚人，大多數人只是健忘而已。

問題是，當你是在無意識的狀態下去經驗事情時，你無法從中學到什麼，而且無論發生過多少次都一樣。如果你一直健忘下去，就會一直重複同樣的行為。然而，如果這是一個有意識的經驗，它總是會轉化你。在三耶摩中，你不是在記憶的層次上去解決你的業，而是在有意識的能量經驗上去解決你的業。

即便是你現在的個性，也是過去多世的一個投射，但這是無意識的投射。如果這變成一個有意識的投射，你會發現自己正在經歷的憤怒或嫉妒將會轉化為愛和慈悲。如果你能看穿自己的憤怒和抗拒只是因為受到過去的影響，它們就會馬上轉化為正向的情緒。就是因為你看不穿自己目前的個性只是過去的一個投射，所以才會緊抓不放。

看看下面這個故事：

有位非常害怕搭飛機的七旬老翁，好不容易鼓起勇氣決定一試。他搭乘一架小飛機，在飛機落地後，他紅著臉去向機師致謝。

「我要感謝你這兩趟飛行。」他感激地說。

「兩趟飛行，什麼意思？」機師說：「你只搭了一次飛機。」

「不，不，我搭了兩次。」這個乘客說：「這是我的第一次和最後一次！」

經驗就像這樣。在有意識的經驗中，不會有業的印記，每一個行為和經驗都讓你往解脫更近一步。一旦你有意識地品嘗過某個東西後，就沒有必要再去重溫，而那方面的業也就終結了。

問：假設有前世，那麼這個機制是如何運作的？是孩子挑選自己的父母，還是父母決定孩子繼承的業？

答：是孩子挑選父母，但這挑選並不是孩子有意識地選擇。它好比是這樣的：我們帶著一群人去一間大廳，然後讓每個人找個位置坐，而你之所以選擇某個位置，就是因為你的業。如果你的業是背痛，你會去找一個後面靠牆的地方坐；如果你的業是總愛在課堂上躲起來的學生，可能會選擇坐在一個大個子的後面；如果你的業是想引人注意，可能會選擇坐在前排。所有這些決定可能是無意識的，但它們確實在發揮作用。

同樣的，你的業會讓你落腳在某個子宮裡。換句話說，你會選擇一個跟你的傾向或屬性一致的環境，因此並不是有兩個人被任命為你的父母，事情不是這樣的。這就只是一個插頭在等待一個合適的插座，一旦它找到一個帶著某些相似性或投緣的合適地點，就會在那裡落腳，如此而已。

這就是為什麼在傳統的印度，對於懷孕這事會有周詳的安排和儀式。某種程度上，有一些簡單的儀式在今天仍然盛行。例如，每一場婚禮都會擇定吉日舉行，因為當晚可能就是新娘受孕的日子，所以婚禮會訂在某個月的良辰吉日，並營造出喜氣洋洋及活力充沛的氛圍，讓新娘能夠在最好的狀況下受孕。而所謂的「最好的」狀況，既是針對新娘，也針對她肚子裡面正在創造的新生命而言。如果是在充滿愛和喜悅的狀態下受孕，自然會吸引某一類型的生命；如果是在一種不愉快的狀態下受孕，則會吸引另一類型的生命。當然，這些都是就新郎新娘還很年輕的情況下，所做的傳統安排。不過到了今天，這樣的社會安排已經不可能了，但夫妻雙方還是可以營造一個愉悅和充滿活力的情境，以確保可以孕育出更好的下一代。

不過，凡事都不能一概而論。快樂的情境並不意味著一定會孕育出快樂的小孩，如同芒果可以引來蒼蠅，但同一隻蒼蠅也會被一坨糞便所吸引。因此，業的吸引也可以有不同的運作方式。有時候，心的不安狀態也可能吸引來一個美好的生命，因為某一類型的人格可能會被相反的特質所吸引。所以，不要根據你的孩子來判斷你自己是怎樣的人；同理，不管你是怎樣的人，你的孩子也可能很優秀！

但基本上，是傾向驅使孩子進入某個子宮。由於孩子是以如此柔軟的狀態到來，因此你有能力很大程度地影響他們，既可以強化他們的愉快特性，也可以強化他們的不愉快特性。

當然，你無法百分百掌控孩子，因為沒有人可以完全控制別人。對孩子來說，你越不想去影響他們，他們就越容易受你影響；你越是想影響他們，你就越不能如願。

因為業的關係，就算是一個尚未出生的胎兒也具有某種初期的個性。如果你去問那些生過兩、三個孩子的女人，她們會告訴你，每個孩子在肚子裡的表現都不一樣，因為基本個性（或說種子）已經存在了，這就是我們所說的業。業身在產前階段就已經完整存在了，當孩子出生時，他的業身就跟你的差不多大，只不過是肉身還沒有完全填滿而已。

然而，這並不代表孩子就會受到父母親業的擺布，他還是有某些選擇的。比方說，你的父親是個罪犯，你可以選擇追隨他的腳步，也成為一名罪犯；或者，如果你有覺知、有智慧，可能會選擇另一種人生。基因也許相同，環境也可能同樣充斥著罪惡，但有些人仍然可以超越這兩者。一旦與你積聚的一切有了一定的距離，你可以成就任何事；一旦你和自己的業有了距離，你就自由了。

第十二經：你擁有不了生命，你只能活出生命。

問：你說過，人死後唯有其傾向在作主，這意味著在這種狀態下要處理業將會花很長的時間。但在這種沒有肉身的狀態下，有可能把業解決掉嗎？或者必須等到轉世投胎，再取得一個肉身？

答：你的問題就像這樣：「我在開車時睡著了，那麼我睡著後，還能去想去的地方嗎？」當然，你一定會有個去處，但會去哪裡呢？這就是無意識的本質。當你沒有意識時，你要去哪裡不是你的選擇。即使是一片枯葉也會有個去處，但去哪裡呢？它自己無法決定，是風在決定。即使是一隻小螞蟻也知道自己要去哪裡，但一個完全無意識的生命卻無法選擇要去哪裡。一旦你失去自心的明辨力，就一無選擇了，傾向要你往哪裡走，你就會往哪裡走。

現在，你的問題是：「在沒有肉身的狀態下，可以消融我的業嗎？」我還以為你打算在活著時就消業呢！為什麼要等到失去肉身和明辨力時才做呢？目前你的存在，最重要的就是你有一個明辨心，如果你還有點理智的話，就會做出對這個生命來說最好的選擇，這才是最重要的。你會用明辨力去把自己這一世變成最美好的生命嗎？這才是唯一有意義的問題。

然而，當你的選擇是出於覺知及明辨力時，業的消解就會非常迅速。當你缺乏明辨心時，有些方面的業會因為自然的進化過程而持續消解，但整個過程會超乎尋常地緩慢。

來看看以下的故事：

有個人得到了跟上帝見面的機會。他問上帝：「我的父，在美國的十億美金對祢來說就只是一分錢，這事是真的嗎？還有，我們的一百萬年對祢來說就只是片刻，這也是真的嗎？」

上帝說：「沒錯，我的孩子，就是這樣。你住的地方和我住的地方，比例就是如此。」

那人說：「我的父，為了讓我對祢永誌不忘，祢可以給我一分錢嗎？」

上帝說：「稍待片刻。」

這就是我們正在講的比例！千萬別想在失去肉身的狀態下消除業。當你沒有意識時，當你失去感官時，可能有一丁點的業會隨之消解，但這並不重要，你甚至連想都不要去想。

包括瑜伽在內的有些傳統中，如果有個人生前做了大量的內在修練，而且只剩少量未消的業，那麼在失去肉身後，會獲得某種外力幫他打破業的束縛。

有人接下來一定會問：「薩古魯，如果我停止所有的練習，你會在我死後幫我嗎？」

別忘了，我說的是如果做過大量的內在修練，而且只剩下少許的業！別操心死後你會怎麼樣。如果你想幫助那些死掉的人，我將在未來幾年內開辦某些相關的靈性練習，讓我們能夠真正做些事來幫助那些處於無肉身狀態的人。

問：如果死後能量身仍然很旺盛，會怎麼樣？

答：如果能量身還很旺盛，這樣的人會有一段時間無法找到另一個肉身，因為能量身必須沉靜下來。這就是為什麼那些死於意外事故、自殺或突發疾病的人，有時會在沒有肉身的狀態下徘徊不去。這種能量身仍然攜帶著欲望、渴望和強烈的傾向，而這些都必須走完它們該走的歷程。這是一種進退兩難的過渡狀態，傳統上在印度會進行一些儀式讓這種存在狀態快點過去，但其中有些儀式只是為了給生者提供心理慰藉。不過，即使是在今天，如果這些法事是由真正懂的人來執行，確實可以加速讓這種存在狀態早點度過。

因為以下的原因，人們都渴望能夠壽終正寢：如果生命能量能夠走完它的歷程，就可以輕易地自行解套，就像一顆成熟的果實從樹上掉落一樣。一旦果實掉落，包裹在成熟果肉中的種子就會立即生根發芽，因為周圍就有它需要的養分。你看，那顆種子的周圍就有它需要的肥料——果實就是種子的肥料，只是我們剛好在它變成肥料之前吃了它！果實的另一個作用是吸引動物和昆蟲，好讓牠們把它帶往別處，掉落在一個它可以再次生根發芽的地方。因此，當一個人走完一個完整的生命週期自然死亡時，不會有掙扎、疾病或受傷，此時生命能量會達到一定程度的沉靜狀態，並自行脫離肉身。

至於我們所說的「摩訶三摩地」，則剛好相反：將生命能量提升到一定的強度和成熟度，使得它再也無法被肉身把持。瑜伽士會尋求這種離世方法，因為這是自然、不費力的死法。如果你死於疾病或事故，死亡中就會含有暴力成分，這種暴力的餘威會以許多方式繼續留在精微體中。

你可能會好奇，如果沒有肉身，那時間還存在嗎？答案是，在不具肉身的狀態中，週期性的時間還是有的，但並非我們所理解的那樣。如果能量身處於一種極度愉悅的狀態，那麼它可能不會急於再去取得一個肉身；反之，如果能量身躁動不安，那它會更急迫地想取得肉身。這點你可以拿自己的真實體驗來理解，如果你的情緒低落，一分鐘感覺起來就像是一天，而如果心情愉快，一天則像一分鐘。同理，對於痛苦的能量身來說，一天或許像一百年，但對於愉悅的能量身來說，一百年感覺就像是一天。

對於那些未能活過一個完整生命週期的死者來說，他們的分業必須自行消磨掉，等到完全沒有任何「活性」業質時，能量身就會達到一定程度的惰性狀態，這個時候，新的一批分業就會開始顯現，同時能量身會重新獲得活力，然後找到另一個肉身。

問：有沒有人能在一生中就把自己的累業解決掉？如果在消業的同時還一直在積業，這個過程不就沒完沒了了嗎？

答：正如我先前說過的，對於開悟的人來說，他的挑戰在於如何累積業來保住肉身。對於開悟者來說，面臨的情況就像這樣：確保自己沒有把所有的業都燒掉，也就是你把業的庫存燒到只剩下一袋。然後，每當你發現自己快保不住肉身了，就從袋子裡提出一小份的業當作今天的開銷！換句話說，你製造了一個目標，然後去完成它，這就是開悟者使用的策略。

但對探求者來說，我的奉勸是：別擔心如何消業，只需要關心如何不要再造新的業就行。因為「我要消業」所生起的焦慮會滋生更多的業。所以不要糾結如何把業全部消除，隨著生命本身的推進，業會自然而然消融，所以說活著本身就是在消業。

業不是懲罰，而是信息。然而，你攜帶信息的方式，將決定它是負擔、限制、痛苦、快樂或解脫。這完全取決於你如何攜帶它。現今，一部手機本身不會攜帶你所有的記憶，是整個雲端跟著你到處去。如果你學會用這種方式來攜帶你的業，那就非常好。如果你的業跟著你、但沒糾纏你，那麼有沒有業又有什麼關係呢？反正你一點負擔也沒有。所以說，雲端越大越好，記憶容量總是越大越好，不是嗎？

那麼，如何才能不會累積業呢？正如我們先前談過的，你能做的一件最簡單的事，就是完全投入，而不是選擇性投入。你呼吸的空氣、聽見的聲音、所坐的大地，你都要完全融入其中。不受拘束的投入，就是生命的本質。挺立在這裡的這棵樹，與土壤、水、微風、天空及所有一切息息相關。唯有完全投入，生命才得以綻放，一旦生起分別心，業就會成倍增加。

這是每個人都該力求做到的：只在行動上有分別心，而投入沒有分別心。行動必定會有限制，因為它需要耗費一定的精力、時間，並且涉及能力等其他因素，所以行動時才需要多加考量，否則你可能會徒勞無功。但投入是一種內在的狀態，而且需要包容一切。

立基於選擇性的想法，例如「這是我的房子」、「這是我的工作」、「這是我的國家」，只適用於外在行為和行動。事實是，生理上你無法生下地球上所有的人，但你的心裡卻可以像對待親生孩子一樣，全心全意地對待所有人。你或許無法養育或教養每一個孩子，但你還是可以全心全意地與萬事萬物交融。生命會不斷演化和爆發，一旦你想限制或固化這種自然律動，你就成了一塊紀念碑。

生命無法被擁有。想要擁有生命的需求，是造成這個星球許多痛苦的根源。比方說，你遇見某個人，然後你說：「我愛你。」頭三天你的感覺很美好，接著你覺得自己必須抓住這份愛情，最後的結果則是婚姻！這並沒有什麼不對，但你所經歷的美好是無法抓在手上的，它無法被制度化。業之所以成為問題的根本原因，在於你想要抓住生命。但是你擁有不了生命，你只能夠活出生命。

第十三經：現在，你就像是一個氣泡在說：「肺裡的空氣是我的。」但你還是得吐氣！

問：我一直在想這個問題，如果有一定數量的人需要從業中解脫，為什麼總人口數一直在增加？而新的業質又是從何而來？

答：數字遊戲只適用於肉身層次，在非肉身層次，數字毫無意義，你把非肉身層次與肉身層次混淆了。

單憑一個人的業身，就有可能製造出一百萬個孩子！這不是說有一百萬個人必須死，有一百萬個婦女必須受孕，然後等著去迎接這一百萬個生命。單一個業身可以在一百萬個子宮裡顯化。

因此，現在這個你稱之為「我」的生命，是不可數的。我之所以總是用否定用語，就是不讓你產生過度的想像，所以我會用什麼都沒有的空間或黑暗這類形容來描述這個「你」。因為如果我把你描述成光或上帝，你會開始幻想。假如我告訴你：「你是光」，你轉身就會告訴鄰居你是「神聖之光」；如果我告訴你：「你是上帝」，你會開始妄想。而「空」這個用語不會給你太多的想像空間，因此就讓我們用它來描述你。

所以，你內在這個什麼都沒有的空間就像是一個氣泡，而業是這個氣泡的外壁。沒有業質，你就不存在，因為有業質，你才能與肉身黏在一起。如果把你所有的業都清除乾淨，你就不能繼續留在肉身裡面。即使你可能從一具肉身中滑出來，但業質還是在那兒。因此，即使這個肉身失去了活力，業質也將會找到另一個肉身。

當我們說想要解脫時，真正想說的是，我們想把這個氣泡戳破，讓封閉在裡面的空與外面的空合而為一。一旦你弄破一個氣泡，裡面的空氣就會與周遭融在一起，不是嗎？業的氣泡，也是如此。開悟也意味著同樣的事情——業的氣泡破了。對大多數人來說，開悟的那一刻就是離開肉身的那一刻，只有極少數的人知道肉身的奧祕——根本的運作機制；也只有這種人才有能力在開悟後，還能夠保住肉身。

如果生命能量變得過於強烈，你就保不住肉身，如果生命能量變得非常虛弱，你也保不住肉身。所以，只有生命能量的強度落在一定範圍內，肉身才能保住。這就是為什麼世界上有兩種類型的瑜伽：一種是出離世間的，也就是讓生命能量衰微，衰微到你可以捨棄肉身；另一種是把生命能量增強到肉身再也無法持有你。從社會角度來說，後者的增強做法或許更受到認同，但從存在角度來看，並沒有哪個比較優越，兩者的目的地是一樣的。

所以，真的沒有所謂的「你」和「我」這回事。你就像一個氣泡在說：「我肺裡的空氣是我的。」但你還是得吐氣！當你吐氣時，你的空氣變成了別人的空氣，而別人的空氣也變成了你的空氣，沒有所謂的「我的空氣」這回事，但當你把空氣吸進肺裡時，在那個短暫的時間內，它會變成你。因此，你內在神性那有限的一面，你稱之為你的靈魂，而在梵文中，我們稱它為阿特曼（atma），以便和梵文中稱為波羅阿特曼（paramatma，意思是「至上的靈魂」）的神性區別。

如果氣泡破滅，它就完全是波羅阿特曼。就連現在，它也完全是波羅阿特曼，但我們說它是靈魂或阿特曼，因為我們寧可相信在我們肺裡的空氣是「我們的」，在我們胃裡的食物是「我們的」，也相信我們的血、肉、骨頭是「我們的」，甚至就是「我們」。事實上，阿特曼或靈魂只是想像的產物，就你目前看來，它是真的，但從存在角度來看，它不是真的。真正來說，就只有波羅阿特曼，但到頭來，我們還是在爭「我的」神性和「你的」神性、「我的」空氣和「你的」空氣。

所以說，僅僅是一個人的業身就可製造出一百萬個孩子，而同樣的業可以透過多個生靈來消融。就靈魂來說，沒有一個固定的算法。阿特曼是我們自己創造出來的，只有在有限的主觀脈絡下才有意義。

有個情形是可能的，事實上，過去就發生過。比方說，我的肉身喪失了功能，我保不住它了，必須把它捨下。然而，我急於完成某個可能需要再花五年時間才會完成的工作，但我又不想再經歷入胎、出生、成長的過程，搞不好還會再次迷失，又得重新修行才能回到我的主要任務。所以我或許會選擇去找一具正要被捨棄的、合適的成年人肉身，然後住進去，如此一來，我就可以圓滿自己未竟的志業。

業質絕對可以取得不只一個肉身，它有能力維持不只一個肉身。我曾經講過我前一世就有這樣的事，當我是薩古魯．師利．梵摩（Sadhguru Sri Brahma）時，由於人生際遇不允許我繼續聖化迪阿納靈伽的任務，於是我進入了一個早夭的孩童瑜伽士的肉身。有一段時間，我同時管理兩個肉身，徒勞地試圖聖化迪阿納靈伽。我之所以這麼做，是因為我知道身為薩古魯．師利．梵摩的那具肉身不出幾個月就會亡故。

傳統中也有瑜伽士為了圓滿兩種不同的業，而同時維持兩個肉身的故事。例如，有瑜伽士為了實現無法透過單一肉身而達成的事情，同時住在兩個肉身中，一個是苦行僧，另一個是在家居士。還有兩個瑜伽士共用一個肉身的故事，因為有時跟另一個瑜伽士共用肉身來履行個人業的義務，會比找到一個子宮重新投胎、從頭來過，要更簡單得多。

問：來自同一業身的一百萬個孩子都會相似嗎？

答：不一定，因為還有許多其他因素在發揮作用，例如遺傳基因的影響、家庭的影響及社會的影響。業身只代表一定數量的信息，其他還包括來自父母、教育、社會、文化環境等很多因素輸入的信息，所以同一業身不一定總是顯化為同一類型的人。

第十四經：與自己的思想和情緒保持距離，你就有能力對古聖先賢的恩典敞開。

問：你所說的共業究竟是什麼意思？個人的業和集體的業如何交互影響？

答：你又落入了「把自己當成與他人分離的個體」的老問題裡了，根本沒這回事。

現在的心理學家談到，個人無意識頭腦中有一個層面，是與更大的集體無意識頭腦相連的，這就是我們所說的共業。因為我們做了某些事而累積了業，這對個人及集體都有影響。

想像一個池水滿滿的池塘，你從那裡舀出了一桶水，然後再舀出一桶水，第一桶水和第二桶水有什麼不一樣嗎？你會說「這個」水和「那個」水嗎？生命也是如此，你不能說「這個」生命和「那個」生命。

此時此刻，如果你願意，可以把第一位瑜伽士，同時也是第一位古魯阿迪瑜伽士（Adiyogi）的業變成你的。事實上，從許多方面來說，它已經變成我們的了，我們今天享用的許多事物就是透過他的業得到的，因此它已經變成了我們的業。或許你從來沒有做過他所做過的靈性練習，但你可以享受他的業果，因為它就在那裡，所有人都可以取用。

這意味著阿迪瑜伽士的業大到可以供給許多其他眾生，這就是為什麼有這麼多的開悟者會造作行動，他們大可不必這麼做。他們不再有行動的需要，他們這麼做是為了製造更多正向的業。同樣的業不只可以顯化出一個瑜伽士，也可以顯化出十個瑜伽士，這是一個天大的可能性。

因此，別把行動想成是屬於某個特定人的。你生起的每個念頭，會在這個宇宙留下永遠的印記。阿迪瑜伽士曾經生起的每個念頭，克里希那或佛陀曾經有過的每個念頭，這些至今都還存在著。現在的你如果內心創造出一種正確的情境，就能取得這個業，接收得到阿迪瑜伽士的思維；或者，你創造出另一種的情境，由此接收到佛陀的思維。換言之，他們的業正在變成你的業。只要跟自己的念頭和情緒保持距離，你就有能力對古聖先賢的恩典敞開。

但是，不要認為你可以在為所欲為後，還能得到他人的善業。瑜伽傳統向來極為重視培養對生命的正確態度，因為你有什麼樣的心態或品質，就會引來同類的思想、情感和體驗。

為什麼一直有這麼多關於神的談論？在瑜伽傳統中，為什麼沒有提到神，而只提到終極的古魯阿迪瑜伽士，也就是第一位瑜伽士？原因只有一個：這可以幫助你成為合適的容器。雖然你無法透過努力而成為具有靈性的人，但透過提升你的領受力，你會慢慢地吸引來對的思想、對的情感、對的感受、對的祝福。這絕對會發生。因此，業不屬於個人，業存在且可以被招引，而這完全取決於你的領受力。

因此，所有你攜帶的業，其實並不是狹隘的個人觀點所認為的「你的」業。因為你做過的業，此生你才會招引這一類的業到自己身上，這也是傳統上送幼童去跟隨古魯的意義。古魯的住處稱為古魯庫拉（gurukula），字面意思是「靈性導師的家族」。古魯被認為攜帶著美好的業，跟他待在一起可以下載他的一些善業。無論你來自哪個家庭，去古魯庫拉就意味著你也變成古魯家族的一員，然後他的東西就變成是你的東西，就連他經過許多世修來的學養也變成是你的。於是，你的生命被設成快進，也加速了你內在的進化。

傳統上如此強調要造善業的理由，就在於此。如果你在這個世上製造很多善業，新生的一代就會帶著更好的善業出生，而世界局勢將會自動改善，接著，那些取得這善業而來到人世的新生命，又會吸引並製造出更多的善業。

因此，別拘泥於數量。一旦你的意識提升到超越了分離感，哪裡還有數量可言？什麼都沒有，只有一，甚至連說有一也不完全正確。因為當十都不存在了，一也不存在。由於語言本身是以二元性為基礎的，我們無法避開數量化的過程，但實際上，沒有「一」也沒有「二」。這無法理解，只能去體驗。

所以只有一個共同的業，因為只有一個共同的存在。但你會吸引哪種特定的業上門，取決於你的品質；而臨終的那一刻，對於決定你會擁有哪些品質並吸引哪種業尤其重要。如果你在憤怒、怨恨、哀愁或痛苦中死去，會招致一種業；反之，如果你在平靜或愉悅中死去，則會招致另一種業。

人生最後的四十秒，許多世所累積的業會快速現前。在這關鍵的四十秒，如果能夠保持覺知，就可以消除多生多世的業。無論這一生活得怎麼樣，如果臨終時能夠處於一個聖化的空間，或者曾經做過某種靈性練習並能夠保持覺知，這個多世累積快速現前的階段會把他清洗得乾乾淨淨，完全消融所有的業。

這就是為什麼所有的宗教傳統都強調要平靜地死去，原因就是這會讓我們在下一回合有更好的機會。在喜悅或愛中死去是美好的死法；而在瑜伽傳統所謂的三摩地狀態下死去，這是究竟的死法，這意味著在你還活著的時候，就有意識地走入死亡。

❁ **第十五經：任何時候，你都有選擇也有能力成為你想要的樣子，這是自由也是詛咒，而大多數人卻因為這樣的自由受苦。**

問：那麼動物呢？牠們也有業嗎？

答：是的，動物也有業，但牠們的業非常有限，而且跟人的業不一樣。動物靠本能生活，這是人類和動物之間的唯一區別，只有當你運用自己的智慧，你和動物才有區別。當你按照本能生活時，雖然你會累積業，但所造的業非常有限；而當你運用自己的智慧時，突然間業就有了不同的意義。

一隻螞蟻造的業，與所有螞蟻造的業是同一種，牠們的業沒有分別，因為牠們的欲望沒有分別。螞蟻的欲望是進食、繁衍和自衛，牠們想去吃你家裡的死蟑螂，還想要確保不會被你踩到！因此，欲望和恐懼立即製造出一個業的結構，而這是一個非常簡單的結構，唯有當生命演化為人類時，業的結構才會變得精密複雜，因為這個時候的你是以意志在造業。簡單的業可以輕易被摧折丟棄，而一旦加上有意識的意志時，業就會變得非常複雜。

對動物來說，無論身上發生過什麼都會被記錄下來。如果牠是死於橫禍，這個遭遇會被記錄下來，於是這隻動物身上就可能帶著一定的恐懼。但是，業顯化在牠們身上，並不像人類身上那麼明顯。當你有自由可以決定想怎樣時，業就變得更加錯綜複雜了。老虎除了是老虎之外，別無其他選擇，牠們憑本能行事，正如我們所知，老虎別無選擇：無法把自己變成素食者、無法結婚，也成不了瑜伽士！牠們的生命是固定不變的，因此沒有太多的業可以造作，但仍存在著某些性格差異，有暴烈的老虎、溫馴的老虎、懶惰的老虎，不過差別都不大。相反的，人類的生命並非固定不變的，任何時候，你都有選擇也有能力成為你想要的樣子，這是自由也是詛咒，而大多數人卻為了這樣的自由受苦。

第十六經：每個人都在開顯神性的過程當中……而你唯一需要做的，就是與大自然的計畫合作。

問：那麼，動物如何在業的階級上進化？

答：生命天生就會進化，而大自然會替它打點。從低等動物到高等動物，從單細胞生物到具有中樞神經系統的生物，進化之旅一直都在行進中。這不是選擇，因為對動物來說，一切都是無意識的本能，沒有好和壞、對和錯。大自然只是讓牠們搭便車，牠們毫不費力地從生命的一個等級移動到另一個等級，這就是生命本身的流動。然後，在某個時間點，動物變成了人類的樣子。現在，既生而為人，你擁有了決定自己命運的自由，大自然不再替你決定了。

人類目前的問題是自由！這就是矛盾之處。你擁有自由讓自己受苦，也擁有自由讓自己快樂；你擁有自由可以活得像神，也擁有自由活得像魔鬼。大自然給了你自由，因為你已經進化到足以做出成熟的選擇。簡而言之，大自然信任你的智慧，但遺憾的是，很多人還磨磨蹭蹭地不急著使用這種智慧。

每個人都在開顯神性的過程當中，每個人都在覺醒自己的神性，無論這會發生在今天、明天、十年或一萬年後，沒有人說得準。然而，一旦你看到生命自發地朝著它終極的本性邁進，你也會投注你的精力讓它走得更快。也就是說，你是有意識地轉向靈性，而你唯一需要做的，就是與大自然的計畫合作。

存在並不著急，但如果你著急，可以與存在攜手合作，好讓自己更快實現目標。但是，如果你喜歡得過且過，那也悉聽尊便。反正存在是永恆的，你眼前有的是整個的永恆！你可以慢慢來，全看你的選擇。

每一種靈性進程都在轉化你內在的動物性。在朝向神性的可能性邁進時，你必須以正確的覺知和內在修練來處理你的動物性，只是假裝有道德是行不通的。許多人把自己投射成有原則、正直的人，結果晚年時，卻發現自己被欲望或貪婪等動物性的衝動所吞噬，完全失去了對自己的把持。因此，消融掉動物性是日常靈性練習的目的。

問：人會在來世重回到動物階段嗎？

答：不會。不過，有些瑜伽士可能會為了消融更早期的業而投生為動物，其他則會在此生就把動物階段處理好。比方說，某個人這輩子是個瑜伽士，儘管他在靈性上有所成就，但仍然對食物有控制不了的欲望。因此，他可能會選擇來世不以人類身分投胎（做人有做人的複雜糾結），而選擇投生為動物，就只是為了解決食物的業，如此一來，他就不必再糾纏於生而為人的那些成長過程。身為一種結構相對簡單的動物，所累積的業非常少，讓他比較容易打破自己對食物的業，同時又不會累積任何他不想要的其他糾纏。一旦消融完這個業，他就回來做一個靈性成就更高的人類。不過，要投生為動物，想要消融的業必須是非常基礎的。

拉瑪那．馬哈希（Ramana Maharshi）是二十世紀的印度神祕家，有一些關於他個人的故事流傳於世，包括他如何讓一頭牛得到解脫。這事是可能的，不過寄居在這頭動物身體裡的，必須是一個靈性高度發展的生命。像這樣的動物可能會發現，牠自己不知不覺地就被吸引到像拉瑪那．馬哈希這樣的瑜伽士面前。此外，一個瑜伽士也有可能以自己的身體去承受其他生靈的業，並在頃刻之間將對方的業消融，讓對方獲得解脫。這意味著，牛離開了牠的肉身，接著瑜伽士暫時把這牛的生命納入自己的肉身中，然後將牠解脫。但是，這些事件非常罕見，不是不可能，只是很少見。

在瑜伽傳說中，曾經有過一些靈性成就者進入他人肉身的故事。比方說，有個人就快達成自己的靈性目標了，卻發現自己將不久於人世，在這種情況下，一個修行有成的瑜伽士能夠進入這個人的肉身，將對方的業完全消融掉，幫助對方解脫。然後，這個瑜伽士可以繼續在這個肉身裡住上一段時間，結束他自己的業，然後消融。

必須謹記的是，對於開悟者來說，業不再是束縛的來源。就以我自己來說，我現在完全沒有業的束縛，如果今天我想離開肉身，我就可以離開。但是，為了有充分的時間完成一些由我發起的事情，我有意識地給自己造業，因為沒有了業，肉身就無法存在。所以，要維繫與肉身的連結就必須有意識地造業，否則將保不住肉身。

業與名妓的珠寶

第十七經：渴望留下足跡的人，永遠也飛不了。

我時常提到印度傳統的名妓，她們穿戴一種非常精密的飾品，全身裹著黃金和鑽石。身上佩戴的珠寶如此繁複，讓欲火焚身的尋歡客完全不知道如何下手卸除。這些珠寶網鍊密密麻麻，他們百般嘗試，就是沒辦法把它脫下來。

整套儀式非常複雜。女人會向男人勸酒，一杯接著一杯，然後又一杯。男人一面不停喝酒，一面試圖用手解開她的首飾。他的動作越來越笨拙，最後終於支撐不住而倒頭大睡了。這正是她要的結果！

尋歡客沒有想到的是，那一整個錯綜複雜的珠寶網鍊就靠一支扣針繫著，而這支扣針在哪裡，只有那女人知道。只要把這支扣針拔掉，整個珠寶網鍊就會應聲脫落。這個只有她知道。

業就像這樣。

業是複雜的網鍊，有些鍊子鑲嵌著精緻的鑽石，美不勝收；有些鍊子醜陋生鏽，形同枷鎖。想要從惡業中挑出善業，完全沒有意義。這就是為什麼靈性探求者沒興趣求取善業，而是一心只想著擺脫這一團混亂。這意味著，透過熾烈的行動去燒掉自己的業，同時透過冥想與業保持距離。

不過，還有第三個方法。

這個方法需要知道那支難以捉摸的扣針在哪裡。就像那妓女一樣，如果探求者知道扣針的位置，就能在一瞬間找到走出迷宮的路。但大多數人的一生，其實都在業的網鍊中越纏越深。

那麼，這支扣針在哪裡？

這支扣針就在，從你的人生中剔除一個問題：「那我呢？」如果你可以完全把這個問題去除，等於就一舉擊潰了多數人都有的那種自大感。這個時候的你，可以迅速地一擊中的，解開這錯綜複雜的業鍊，然後從業的殘骸中，重生為一個獲得解脫的生命。

正是因為有太多人無法根除這個問題，古魯才有存在的必要。一直以來，古魯的角色就是：在適當時機介入，幫你拿下那支扣針。

「那麼，薩古魯，你什麼時候才要拿掉我的扣針呢？」我已經可以想見這個問題會從四面八方紛湧而來！所以，我要即刻加上一句警語——假如你這麼問，就代表你還沒有準備好要拿掉扣針。如果你認為自己的業是必須除去的包袱，那麼你就還沒有做好解脫的準備。只有當你學會把每一個記憶——無論是有意識或無意識、愉快或不愉快、美好的或可怕的——都轉化為喜樂和幸福，你才算做好了準備。

如果在你還沒有準備好，就要求拿掉扣針，這不是解脫，而是逃避現實。脫離肉身不同於自殺，自殺意味著你想要逃離困境，而脫離肉身則意味著你的期限已滿，可以愉快地走出來了。如果你從監獄逃出來，餘生將會一直在逃亡；但如果你是刑滿出獄，你就是個自由的人。這就是差別，而且差別很大。

古時候，人們航向遠方時，都以為遠方位於地球的另一邊。後來，他們才知道地球是圓的，而他們只不過是在兜圈子。

環球旅行可以非常新鮮有趣，但到了某個時候，就會厭倦了兜圈子。即便風景變了，氣候也不一樣，但人們的內心深處有某種東西不喜歡兜圈子，這種天生對兜圈子的反感，早晚會在某個時刻顯露出來。

這本書的目的是提醒你，有一條出路可以擺脫重複的循環。這條業瑜伽之路的走法有許多種，但目標都是成為一個靈性行者，有能力走出循環，進入永恆不滅的當下。有些循環可以立即抹除，有些循環需要下更多功夫，或者需要一些其他的外在幫助。但重要的是，要盡你所能。古魯（無論是有形或無形）最終會介入，完成剩下該做的事情。

人類之所以不斷造業，是因為想留下足跡。他們在尋求個人身分的某種延續，無論是透過個人成就、人際關係、生兒育女，或是參與社會運動，都拚命地想在「存在」上添加一筆，獲得永生，千古不朽。

但渴望留下足跡的人，永遠也飛不了。

對飛翔的嚮往是人類的天性。對自由的渴望不是聖者的發明，而是一種更為原始的東西，那就是生命對自己的渴慕。

但為了飛翔，你得願意放棄所有的人生投資，不再在乎保住自己。你不再想步步累積地走向解脫，因為你明白如果用累積的步法去趨向無限，只會變成無止境的分期付款，永遠也抵達不了。一旦真正看清楚你有限的自我認同，只不過是一堆空洞的想法、喜好、厭惡、成見所堆砌起來的，你就已經做好了捨棄它的準備了。

隨著對身分的斷捨離，所有的枷鎖都脫落了，最後一支扣針也被解開了。一旦有了翅膀，網鍊和迷宮就困不住你，而地勢的險峻、路途的顛簸也難不了你。突然之間，你再也不用在喧囂和混亂的道路交通中穿梭了，因為你是飛在天空的生命。現在，你躍入了一個地方，那是你自始至終的住所，只因為從前太分心而沒有注意到。你縱身躍入此時此刻，這當下一刻是如此璨爛、強大、壯麗和深刻。

別用前世今生來看待業，而是用這活生生的當下來看待業。

……一天，只不過是一小段時間，

供我們活，也供我們死。

……今天，就讓我們活著，

全然地活著。

——薩古魯

名詞解釋

Isha：無形無相的神聖能量，也是薩古魯命名的基金會名稱，此基金會的創建旨在提供世界一個靈性的可能性。

Isha 瑜伽中心（Isha Yoga Center）：位於南印度維靈吉瑞山（Velliangiri Mountains）山腳，由薩古魯所建立的一個旨在自我轉化的神聖場所。

Isha 課程（Isha programs）：指的是 Isha 提供的各種靈性課程，讓瑜伽的體驗成為一門活的科學。

二～四畫

八肢瑜伽（ashtanga yoga）：聖者帕坦伽利（sage Patanjali）闡述的訓練法，包括夜摩、尼夜摩、體位、呼吸控制、內攝、專注、禪那、三摩地。

三耶摩（Samyama）：一般指的是專注、禪那和三摩地的總合，這裡指的是薩古魯帶領的八天冥想課程，學員在課程中進入內在冥想的爆發性狀態，並且有可能清淨多生多世的業和體驗到三摩地。

三摩（sama）：無分別心的。

三摩地（samadhi）：無分別心的深層狀態，為八肢瑜伽的最後一肢。三摩地的經驗在傳統故事中極受稱揚重視，在本質上具有強大的療癒力和深刻的轉化力。

大雄尊者（Mahavira）：公元前五世紀人，與喬達摩佛陀同一時代，被公認為耆那教的創始者。

山卡拉．皮賴（Shankaran Pillai）：薩古魯許多笑話和故事中的主要人物，他通常是個脆弱的人，他的愚昧無知是一般男性的通病。

五大元素淨化（bhuta shuddhi）：瑜伽基本練習，可淨化組成人類系統的五大元素。

五大元素淨化婚禮（bhuta shuddhi vivaha）：源於瑜伽系統的一種古老的婚姻聖化儀式，讓夫妻可以體驗到元素層次上的融洽和諧。

心智身（manomayakosha）：心理上的身體，為瑜伽人體系統中的五身之一。

元素記憶（elemental memory）：地、水、火、風、以太這五大元素所攜帶的記憶，而五大元素是構成宇宙萬事萬物的素材。

內攝（pratyahara）：注意力向內收攝，為八肢瑜伽中的第五肢。

分業（英：Allotted Karma；梵：prarabdha karma）：現世所分配到的業。

止息心的波動（chitta vritti nirodha）：出自偉大的聖者帕坦伽利所著《瑜伽經》的章節：「瑜伽即是止息心的波動。」

五～六畫

以太身（vignanamayakosha）：瑜伽人體的五身之一。

古魯（guru）：字面意思是「驅除黑暗者」，指靈性導師，也就是指引靈性探求者獲得解脫的覺悟者。

古魯那奈克（Guru Nanak）：錫克教創始者。

古魯庫拉（gurukula）：古印度的一種教育系統。在這個系統中，孩子從小在靈性導師的身邊生活和成長。

右脈（pingala）：人體中三個主要能量通道之一，位於身體右側，其本質為陽性。

尼育伽（niyoga）：古老的一項風俗，國王允許王后與聖者生子，以確保人民有更好的統治者。

尼夜摩（niyama）：八肢瑜伽中的第二肢，與夜摩一起用來規範瑜伽中該做和不該做的事。

左脈（ida）：人體中的三個主要能量通道之一，位於人體的左側，具有陰性（直覺）的本質。

平達里人（Pindaris）：十七至十九世紀在中印度攔路搶劫的強盜部落，最後被英軍殲滅。

本心（chitta）：未經記憶汙染的智慧維度。

未來行業（英 Actionable Karma in the Future；梵 agami karma）：一種會在未來驅迫我們做出外在行為的業，為現在行為所導致的不可規避的後果。

生生世世（janam janam）：印度語中的「生生世世」。

印度人（Hindu）：居住在喜馬拉雅山和印度洋之間這片土地上的居民。

印記（samskara）：通常的意思是儀式，例如誕生儀式、剃髮儀式、結婚儀式、火化儀式等。在瑜伽中，指的是日常經驗在潛意識留下的不可磨滅的印記。

合十禮（namaskar）：印度傳統的禮敬，旨在向對方內在的神性致意。

地戒（kshetra sanyas）：一種戒律，誓言絕對不離開某個聖化過的地理空間。

有表的記憶（articulate memory）：每個人內在攜帶的所有意識信息所產生的影響。

肉身（annamayakosha）：瑜伽人體的五個身體層次之一，是食物所形成的身層，或稱粗身。

自生（swayambhu）：自己創造出來的。

行（sankara）：反應，喬達摩佛陀所定義的心智的第四個層面。

七～八畫

佛（Buddha）：超越其智力的人，通常用來指稱喬達摩佛陀，亦即釋迦牟尼佛。

克里希那（Krishna）：神的化身，為三千五百多年前的歷史人物，是印度最受歡迎的諸神之一。他是雅達瓦（Yadava）的王子，也是史詩《摩訶婆羅多》中的主要人物。印度公認最神聖的經典《薄伽梵歌》，即是他對主要弟子阿周那的開示。

克里亞（kriya）：字面意思是「行動」、「儀式」，這裡指的是某一類的瑜伽練習，也就是內在能量的行動。

克里亞瑜伽（kriya yoga）：一種修行之道，利用自身的能量以達到自己的終極本質。

身層（kosha）：字面意思是「鞘」，可以用來指容器或層。

身體記憶（runanubandha）：身體上的記憶，亦指透過身體上的關係所造成的束縛。

受（vedana）：感受，喬達摩佛陀所定義的心智的第三個層面。

呼吸控制（pranayama）：一種力量強大的瑜伽練習，透過某些呼吸技巧在人體中產生能量並導引能量流動，為八肢瑜伽中的第四肢。

奉愛（bhakti）：虔誠心。

宗族之受（kula vedana）：一個家庭、一個宗族或一個群體因為集體記憶所遭受到的痛苦。

拉瑪那・馬哈希（Ramana Maharshi）：二十世紀初期的靈性大師，居住在南印度清奈（Chennai）附近的蒂魯瓦納馬萊（Tiruvannamalai）山上，他的教示以參究自我（self-inquiry）為中心。據信，經他的引導而覺悟的不只是人類，還包括一頭牛和一隻烏鴉。

昆達里尼（kundalini）：字面意思是「蛇的力量」。在這裡，把宇宙能量描繪成一條蜷曲在根輪（Muladhara chakra，位於人體脊椎底部）的蛇。透過瑜伽練習，該能量會沿著中脈（sushumna nadi）上升，依序喚醒中脈上的每個脈輪，直至抵達頂輪（Sahasrar），這時完全顯露的昆達里尼變成了超越一切的意識之光（kula）。

波羅阿特曼（paramatma）：神性，至上靈魂。

阿卡西（akasha）：指的是天空或以太，屬於五大元素之一的空元素。

阿卡西手印（Akashi Mudra）：一個簡單的練習，可以觸及在你內在的阿卡西元素來提升感知力。

阿瓦杜塔（avadhutas）：如孩子般的神祕家，他們完全捨棄了自己有限的自我認知，以至於無法在外面世界運作。

阿育吠陀（Ayurveda）：古印度的醫學系統。

阿南達（ananda）：極樂。

阿迪瑜伽士（Adiyogi）：第一個瑜伽士，濕婆神的諸多稱號之一。

阿特曼（atma）：「靈魂」的梵文字。

夜摩（yama）：八肢瑜伽中的第一肢；夜摩和尼夜摩制定瑜伽中該做和不該做的事。

九～十畫

哈達瑜伽（hatha yoga）：身體形式的瑜伽，涉及不同的身體姿勢（體位）和練習，為進入冥想和更高層次靈性經驗前的淨化和準備步驟。

恆河（Ganga）：北印度的一條聖河。

苦（dukkha）：痛苦。

迪阿納靈伽（Dhyanalinga）：在印度 Isha 瑜伽中心的一種強大的能量形相（form），由薩古魯聖化後供探求者靜坐冥想。迪阿納靈伽的花崗岩橢圓體外形，只是能量形相的支架，就算把支架移除，能量維度仍然存在。薩古魯指出，對於探求者來說，要跟一個空蕩蕩的空間相應並不容易，因此物質形相的作用在於建立「視覺上的連結」。

香巴維大手印（Shambhavi Mahamudra）：薩古魯教授的二十一分鐘瑜伽練習，可以平衡和激活一個人的能量系統，對生理和心理都有益處。

原子記憶（atomic memory）：原子運作的振動模式。

哥印拜陀（Coimbatore）：距離 Isha 瑜伽中心最近的主要城市，位於印度南部泰米爾納德邦（Tamil Nadu）。

夏克提（shakti）：字面意思是「力量」、「能量」，指的是空的活躍面。宇宙創造被視為是濕婆和夏克提的遊舞，而濕婆和夏克提象徵存在的二元性或陰陽。

消業（karma-nashana）：業的消除。

耆那教教徒（Jain）：奉行耆那教的人。

脈輪（chakra）：字面意思為「輪」，也用來指稱能量身中能量渠道的交匯處。人體一共有一百一十四個脈輪，其中七個是主要脈輪。

能量身（英：pranic body、energy body；梵：pranamayakosha）：瑜伽人體學中的五

身之一。

十一～十三畫

專注（dharana）：保持精神的集中，為八肢瑜伽中的第六肢。

悉地（siddhi）：能力、超自然或超常的成就。

悉達醫學（Siddha）：古印度醫學。

梵行者（brahmachari）：brahma 意思為梵，charya 意思為行，指的是恪遵梵行的人。通常用來指稱正式受過某種能量進程啟化的僧人，或指一個苦行者。

現在行業（英：Actionable Karma in the Present；梵：kriyamana karma）：驅迫人做出外在行為的業。

祭儀（yagna）：獻祭，吠陀儀式系統中的主要支柱之一。

累業（英 Accumulated Karma；梵 sanchita karma）：多生多世累積的業。

習氣（vasanas）：字面意思是「氣味」。傾向或欲望，指的是透過行動和欲望在心所留下的潛意識特徵。

唵（aum）：由三個音 A-U-M 連在一起吟誦的本初音。

喬達摩佛陀（Gautama the Buddha）：佛教的創始者，亦即釋迦牟尼佛。

提（dhi）：指的是智力。

無表記憶（inarticulate memory）：我們沒有覺知到的龐大信息庫，貯存著我們歷劫以來所累積的遺傳和特定信息。

感官記憶（sensory memory）：物質和文化環境對我們的系統所造成的影響，我們的身體和頭腦回應世界的方式。

想（sanya）：認知，喬達摩佛陀所定義的心智的第二個層面。

業（karma）：指做出行為的意志；業是相對存在維繫其自身的機制；指的是過去的行為，亦即一切束縛之因；將人與身體結合在一起，並且製造出支配人生的傾向；因果律。

業三耶摩（Karma Samyama）：Isha 瑜伽中心的進階靈性課程，可以讓層層的業浮現並消融。

業法（karmas）：家屬為亡者舉行的特殊儀式或法事。

業的記憶（karmic memory）：將我們塑造成不同個體（包括好惡及性格）的大量印記。

業瑜伽（karma yoga）：喜悅且不費力的行為，這種行為會令人解脫，不會造成束縛。

業瑜伽行者（karma yogi）：遵循業瑜伽之道的人。

瑜伽（yoga）：字面意思是「合一」。

瑜伽士（yogi）：處於瑜伽狀態中的人。

蒂爾塔（teertha）：聖化過的水，本書中指的是聖化過的空間；聖地。

解脫（mukti）：從死亡和再生的枷鎖中解放出來，獲得終極赦免，為所有靈性探求者的最高目標。

十四～十五畫

演化記憶（evolutionary memory）：在ＤＮＡ留下印記，從而決定物種的軟體，也就是這記憶讓我們成為人類。

維拉育達巴拉揚（Velayudhampalayam）：印度泰米爾納德邦的一個村落。

摩根德耶（Markandeya）：古印度聖者，因求得上天的恩典而戰勝死亡，並獲得祝福永遠是十六歲的青春樣貌。他的故事證明人類的回應能力具有轉化的力量：他學會如何對恩典敞開，從而轉化自己的命運。

摩訶三摩地（mahasamadhi）：自我的完全消融，在其他靈性傳統中，又稱為涅槃（nirvana）和大般涅槃（mahaparinibbana），指的是在全然覺知中捨離肉身。

摩訶婆羅多（Mahabharata）：古印度兩大史詩之一，為目前所知最長的史詩。

極樂身（anandamayakosha）：位於最裡面的一個身層。

輪迴（samsara）：娑婆世界、存在、業界、頭腦延滯的幻覺、生死和再生的循環。

十六～十八畫

積業（karma-vriddhi）：業的累積或滋生。

遺傳記憶（genetic memory）：在家族中世代相傳的共同生理和心理特徵。

濕婆（Shiva）：字面意思是「非物」，亦指偉大的天神，為三大天神中的破壞神。

禪那（dhyana）：冥想的狀態，為八肢瑜伽中的第七肢。

禪宗（Zen）：佛教宗派之一。日文的 zen 字衍生自中文的 chan，而中文的 chan 又是梵文 dhyana 的音譯，意思是冥想。

薄伽梵歌（Bhagavad Gita）：印度教中最神聖的教示之一，為史詩〈摩訶婆羅多〉（Mahabharata）中的主要故事，內容為克里希那和大弟子阿周那（Arjuna）在俱盧之野（Kurushetra）戰場上的對話，克里希那將他對瑜伽、苦行、道法和多種靈性之道的知識傳授給王子戰士阿周那。

薄伽梵歌（Gita）：字面意思是「歌」，這裡指的是《薄伽梵歌》。

邁索爾（Mysore）：南印度的一個城市，為薩古魯出生及成長的地方。

薩古魯（Sadhguru）：一位覺悟或自我了悟的靈性導師，他的知識或了悟來自內在，而不是來自任何向外學習而來的教示。

薩古魯・師利・梵摩（Sadhguru Sri Brahma）：薩古魯的前一世。

十九畫以上

羅摩克里希那（Ramakrishna Paramahamsa）：十九世紀中葉的一位靈性大師，一生大部分時間住在加爾各答。他信奉女神時母（Kali），經常處於三摩地的狂喜狀態。他最著名的弟子之一為斯瓦米辨喜（Swami Vivekananda），由斯瓦米辨喜創建並弘揚的羅摩克里希那教團（Ramakrishna Order）如今全球各地都有追隨者。

識（vinyana）：了知，喬達摩佛陀所定義的心智的第一個層面。

獻祭之地（yagna bhoomi）：舉行祭儀的地方。

蘇妮和馬希瓦（Sohni and Mahiwal）：印度愛情悲劇中的戀人。

體位（asana）：字面意思是「身體的姿勢」，通常指的是瑜伽姿勢，或是引導能量而致解脫的姿勢，屬於八肢瑜伽中的一肢。

靈伽（linga）：字面意思是最初的形相、本初的形相。一種為供膜拜而聖化的能量形相，通常與濕婆有關。

靈伽貝拉維（Linga Bhairavi）：由薩古魯所聖化的一種能量化的物質形相，被認為是女神（the Divine Feminine）的一種熾烈和猛厲的化現。

靈性練習（sadhana）：字面意思是「工具」或「裝置」，指的是為了達到自我了悟的靈性修練。

關於作者

薩古魯是瑜伽士、神祕家及遠見者，名列印度五十位最具影響力的人物之一，並榮獲三次印度總統獎，其中一次是因為對環境保護的貢獻而獲獎，還有一次是因為傑出服務而獲得印度年度公民獎的最高榮譽。

薩古魯是國際知名的演說家和觀點提出者，曾經在聯合國、世界經濟論壇、世界銀行、英國上議院、ＴＥＤ，以及微軟和谷歌總部等各種論壇發表演說，也受邀於牛津、史丹佛、哈佛、耶魯、沃頓（Wharton）、麻省理工等頂尖學府演講。

多年來，薩古魯發起多個大規模的生態保育計畫，其中「河流拯救行動」（Rally for Rivers）和「高韋里河的呼救」（Cauvery Calling）旨在恢復印度境內河川的生命力，化解土壤、水和氣候變遷等相關問題的燃眉之急。透過建立一個生態永續的全球經濟發展藍圖，這些計畫的廣大影響力贏得全球各界的肯定，儼然已成為扭轉乾坤的關鍵。薩古魯應全球組織的邀請，如聯合國環境規畫署（United Nations Environment Programme）、聯合國防治荒漠化公約（United Nations Convention to Combat Desertification）、國際自然保護聯盟（International Union for Conservation of Nature）等，共同為世界的生態問題商討全球性的解決方案。

薩古魯與生命同歡慶，活躍於建築、視覺設計、詩歌、美術、體育、音樂、航空和摩托車運動等多元領域。

三十年前，薩古魯創辦 Isha 基金會（Isha Foundation），這是一個非營利性的公眾服務組織，以人類福祉為其核心志願。Isha 基金會為人類的轉化而開設力量強大的瑜伽課程，並為振興鄉村而啟動開創性的主動援助計畫。目前 Isha 在全球有三百多個中心，護持志願者達一千一百多萬名。

薩古魯談業力

一個瑜伽士關於改變命運的教導

Karma: A Yogi's Guide to Crafting Your Destiny

作　　者　薩古魯·賈吉·瓦殊戴夫
(Sadhguru Jaggi Vasudev)
譯　　者　陳碧君
內文審定　Isha 中文翻譯小組
美術設計　謝佳穎
內頁構成　曾綺惠
特約編輯　莊雪珠
行銷企劃　蕭浩仰、江紫涓
行銷統籌　駱漢琦
業務發行　邱紹溢
營運顧問　郭其彬
總 編 輯　周本驥
出　　版　地平線文化／漫遊者文化事業股份有限公司
地　　址　台北市103大同區重慶北路二段88號2樓之6
電　　話　(02) 2715-2022
傳　　真　(02) 2715-2021
服務信箱　service@azothbooks.com
網路書店　www.azothbooks.com
臉　　書　www.facebook.com/azothbooks.read
營運統籌　大雁文化事業股份有限公司
地　　址　新北市231新店區北新路三段207-3號5樓
電　　話　(02) 8913-1005
訂單傳真　(02) 8913-1056
初版一刷　2022年8月
初版16刷　2024年4月
定　　價　台幣450元

ISBN　978-626-95084-7-1

國家圖書館出版品預行編目 (CIP) 資料

薩古魯談業力：一個瑜伽士關於改變命運的教導/ 薩古魯. 賈吉. 瓦殊戴夫(Sadhguru Jaggi Vasudev) 著 ; 陳碧君譯. -- 初版. -- 臺北市 : 地平線文化, 漫遊者文化事業股份有限公司, 2022.08
面； 公分
譯自 : Karma : a yogi's guide to crafting your destiny
ISBN 978-626-95084-7-1(平裝)
1. 瑜伽 2. 靈修
137.84　　110021014